LE

TIGRE

DE 1560

PARIS

Académie des Bibliophiles

MDCCCLXXV

LE TIGRE

PAMPHLET ANTI-GUISARD

DE 1560

TIRAGE A PETIT NOMBRE

sur papier fort de Hollande, de Van Gelder Zonen, d'Amsterdam.

Plus 15 ex. sur papier de Chine
— 15 — — Whatman
— 3 — sur parchemin.

FRANCISCUS HOTTOMANNUS Iurecons. & Historicus obijt Basileæ A° 1590 ætat 73
Rectius ut Juris nodos evolvere posses,
Te magis Historiæ nemo peritus erat.

LE

TIGRE

DE 1560

REPRODUIT POUR LA PREMIÈRE FOIS EN

FAC-SIMILE

D'APRÈS L'UNIQUE EXEMPLAIRE CONNU

(*Qui a echappe a l'incendie de l'Hôtel-de-Ville en 1871*)

ET PUBLIÉ AVEC DES NOTES

HISTORIQUES, LITTÉRAIRES ET BIBLIOGRAPHIQUES

PAR M CHARLES READ

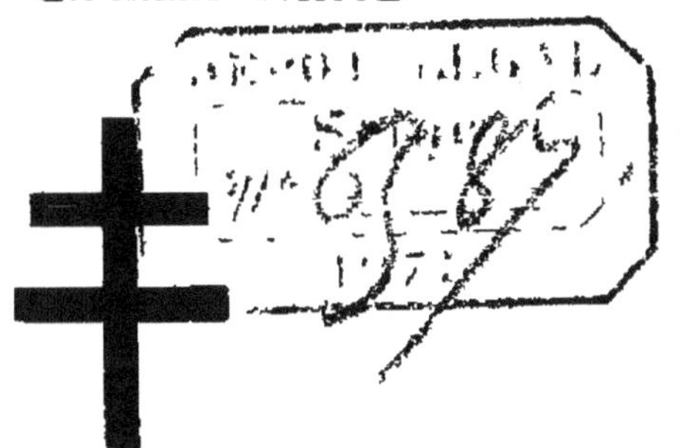

PARIS

ACADÉMIE DES BIBLIOPHILES

338, RUE SAINT-HONORÉ, 338

MDCCCLXXV

Au Baron Ch. POISSON

Ancien Officier d'Artillerie, Ancien Membre du Conseil Municipal et Président de la S.-Commission des Trav. Histor. de la Ville de Paris

A toi, mon cher ami, cette épave, — bien petite, mais précieuse et unique en son genre, — de l'immense naufrage que tant d'inepties, d'en haut et d'en bas, du dedans et du dehors — intus et extra *— ont infligé en 1871 à notre pauvre Ville de Paris.*

Avec notre vieil Hôtel-de-Ville, *que de souvenirs et de trésors anéantis! Desastre a jamais irréparable! Nous y avons perdu, toi et moi, les résultats et les témoins mêmes de ce labeur incessant de six années, dont tu avais si heureusement pris l'initiative, et qui, sous ta direction zelée et habile, portait déja tant de fruits. C'est notre fortune historique qui a sombré tout entière, comme en pleine mer, avec nos Archives et notre Etat-Civil seculaires, avec notre Bibliotheque et nos Collections et Matériaux de toute sorte!*

Restait l'écrin, destiné a recevoir les richesses évanouies de ce Musée Parisien *— dont la création t'appartenait: — ce charmant* Hôtel Carnavalet, *que tu as l'honneur d'avoir fait adopter par la Ville, et où*

devait figurer, parmi les curiosités bibliographiques, le petit livret dont il s'agit ici.

Par quel miracle, l'un et l'autre, — monument et petit livre, — ont-ils pu échapper?. .

*Si l'*Hôtel Carnavalet *fut préservé de tout malheur, même de l'étendard rouge de la Commune, c'est grâce au brave que tu avais désigné pour en être le gardien, et qui est demeuré ferme à son poste, dans les mauvais jours, fidèle à son devoir et à mes instructions.*

Si le Tigre *fut sauvé du feu infernal qui a dévoré tous nos chers trésors, c'est que le Hasard l'a bien voulu, — ce dieu Hasard à qui l'on avait fait, ô honte! abandon de notre malheureuse capitale, après avoir joué son sort sur le coup de dés du* 18 *mars* (1).

Notre épave te rappellera des jours meilleurs, qui nous furent communs, et surtout l'amitié dévouée de ton vieux camarade

C. R.

---

(1) Compte a regler avec l'histoire! — M. Maxime du Camp avait ecrit prophetiquement, dans la *Revue des Deux Mondes* du 1er juillet 1869, que si le pouvoir venait à défaillir *un seul jour,* « Paris, comme une ville mise à sac, seraît *livre a tous les epouvantements du vol, de l'incendie et du meurtre.* » — M. E. Rousse, batonnier de l'Ordre des Avocats, dans son discours si remarquable du 2 dec. 1871, a reserve cette grave question du facile et nefaste triomphe de la Commune, et des « défaillances qui lui ont livré le pouvoir. »

UN
CHAPITRE D'HISTOIRE
ET
DE BIBLIOGRAPHIE
A PROPOS DE CE PETIT LIVRET

UN

CHAPITRE D'HISTOIRE

ET DE BIBLIOGRAPHIE

A PROPOS DE CE PETIT LIVRET

I

En 1559, dès l'avénement du fils aîné de Henri II, les chefs de la maison de Lorraine s'appliquèrent à justifier une prédiction dont les avait honorés le roi François Ier, et qui s'était formulée dans ce quatrain populaire, devenu célèbre :

Le feu Roy devina ce poinct :
Que ceulx de la maison de Guize
Mettroient ses enfants en pourpoinct,
Et son pauvre peuple en chemise (1).

---

(1) On trouve ce quatrain cité par plusieurs auteurs contemporains, notamment par Regnier de La Planche, à la date de 1560, et (chose digne de remarque),

L'histoire ne saurait, en effet, reprocher aux Guisards d'avoir reculé devant aucun des moyens qu'ils purent croire propres à servir leur ambition. S'ils ne sont pas parvenus à usurper la couronne, ils ont du moins pleinement réussi à mettre « en pourpoint » les derniers Valois, et « en chemise » le pauvre peuple, qui dut à leur faction persévérante quarante années de troubles, de misères et de deuils.

La fatale conjuration d'Amboise fut une généreuse, mais imprudente tentative contre les premières entreprises de ces arrogants tuteurs du jeune roi François II (1). Les horribles

---

dans une lettre inédite, écrite au duc d'Etampes, gouverneur de Bretagne, le 29 mars 1561, Catherine de Médicis dit elle-même : « *Il n'a pas tenu a des fols qu'ils ne m'ayent mise en pourpoinct et spoliée de ce que je pense justement m'appartenir* [le gouvernement du royaume]. » — (Bibl. nat., Mss. VC Colbert, t. 27, fol. 343.)

(1) Elle fut surtout mal conduite. « *Res, non satis prudenter suscepta, deterius tractata fuit,* » écrivait Calvin (13 mai 1560).

M. Mignet, dans une remarquable étude sur les Lettres de Calvin (*Journal des Savants*, 1857-59), a fait

exécutions, dans lesquelles ceux-ci se plurent à la noyer, inaugurèrent, en mars 1560, le sombre drame où tant d'acteurs allaient jouer successivement leurs sinistres rôles, et qui devait aboutir un peu plus tard à la Saint-Barthélemy, aux fureurs de la Ligue, aux assassinats de Blois et de Saint-Cloud (1).

Ces exécutions impitoyables eurent tout l'appareil d'un massacre, et c'en fut un effroyable, en effet. Il révolta les âmes de tous les

---

la lumière sur tout le détail de cette conjuration. Il reste acquis à l'histoire que ce fut un dessein généreux, mais remis pour l'exécution en des mains inexpérimentées et maladroites. Là où un complot savant et habile aurait infailliblement réussi, il n'y eut qu'une « entreprise téméraire et désordonnée, » que son triste avortement a fait qualifier de « tumulte. » (*Journal des Savants*, 1857, pp 472, 480.)

(1) Le *Brief discours* (de 1565) rend les Guises ouvertement responsables du tumulte d'Amboise : « D'où « sont venus les maux qui nous ont accablés sur la fin « du règne du roy Henry II? De la conjuration faite en « Italie par le cardinal de Lorraine, qui excita le tumulte « d'Amboise; de la conspiration de ceux de Guise pour « usurper le gouvernement de ce royaume. »

Brantôme dit bien que dans la conjuration d'Amboise « il n'entra pas moins de mescontentement que « de huguenoterie. »

hommes qui n'en étaient pas devenus, par politique, les instruments ou les complices. Tout ce sang répandu cria contre ceux qui le versaient ainsi à cœur joie : il cria de façon à être écouté.

Entre autres détails affreux qu'a enregistrés le véridique historien Regnier de La Planche, « on réservoit les supplices après le disner, ceux de Guise le faisant expressément « pour donner quelque passe-temps aux « dames... Et, de vray, eux et elles estoient « arrangés aux fenestres du chasteau, comme « s'il eust esté question de voir jouer quelque « mômerie... Et qui pis est, le Roy et ses « jeunes frères comparaissoient à ces specta- « cles, comme qui les eust voulu acharner; et « leur estoient les patiens monstrés par le « Cardinal, avec des signes d'un homme « grandement resjoui, pour d'autant plus « animer ce prince contre ses sujets (1). »

---

(1) La duchesse de Guise elle-même s'éloigna en disant à Catherine de Médicis : « Ah ! Madame, quel tourbillon de haine s'amasse sur la tête de mes pauvres enfants ! » — En effet, comme le dit très-bien Michelet, « cette scène funèbre semble porter malheur à

Aussi le même historien ajoute-t-il : « En-« tre les choses notables qui advinrent en ce « tumulte, ceste-cy n'est à oublier. Villemon-« gys estant dessus l'eschaffaut, et ayant « trempé ses mains au sang de ses compa-« gnons, les eslevant au ciel s'escria à haute « voix, disant : *Seigneur, voicy le sang de « tes enfans! Tu en feras la vengeance!* »

Peu de temps après, un vieux soldat, passant par là avec son jeune fils, âgé alors de huit ans, reconnut avec horreur les têtes de ses compagnons, encore exposées aux potences. Il ne put retenir une exclamation qui pouvait le perdre : *Les bourreaux! ils ont décapité la France!* Puis passant sa main sur la tête de l'enfant : *Mon fils, il ne faut point épargner ta tête après la mienne, pour venger ces chefs pleins d'honneur! Si tu t'y épargnes, tu auras ma malédiction.* » Le vieux soldat qui s'exprimait ainsi, c'etait Jean d'Aubigné : *les Tragiques* sont là pour dire si son

---

tous ceux qui en avaient été les témoins, à François II, à Marie Stuart, au grand Guise, au chancelier Olivier, protestant dans le cœur, qui les avait condamnés et en mourut de remords. » (*Précis de l'hist. de France.*)

fils Agrippa a tenu parole et s'il a rempli le vœu paternel.

II

L'impression produite par le carnage d'Amboise était trop profonde, l'indignation trop vive, pour ne pas se manifester soudain par quelque trait éclatant. Malheur au cruel oppresseur qui triomphe! Comment ne pas protester, de toutes les forces de son âme, contre cette force brutale? Mais quel moyen employer?

Un pamphlet parut, le moins verbeux sans doute, le plus virulent à coup sûr et le plus terrible, parmi les pamphlets fameux de tous les temps. C'est bien à lui que s'applique cette appréciation d'un historien de notre temps sur « l'âpre éloquence de la Némésis calviniste, » et sur ces écrits dont « chaque ligne semble tracée à la pointe du glaive et avec le sang des martyrs. » (Henri Martin.) Son titre seul jetait à la face du cardinal de Lorraine la qualification de *Tigre de la France;* son contenu déversait l'opprobre goutte à goutte sur la vie tout entière du cynique et sanguinaire prélat (1). Bien que celui-ci se considérât comme à l'épreuve du feu ; bien que, professant une superbe indifférence pour les

---

(1) « *L'Epître au Tigre de la France* est un chef-d'œuvre d'indignation, de fureur et de mâle éloquence. Le style en est passionné, brûlant; l'ironie cruelle et sanglante; le reproche, horrible et féroce : chaque mot, le coup de poignard qui blesse ; chaque phrase, le coup de massue qui terrasse. » (L. Paris, *Chronique de Champagne,* 1837, t. I.)

« La guerre des pamphlets commença..... Une nuée de libelles s'abattit sur le cardinal de Lorraine, un surtout, atroce, enragé, rugissant comme son titre même, le *Tigre.* C'était une malédiction en règle contre les Guises, un réquisitoire et une exécration à la mode antique, grosse d'injures, d'apostrophes et de menaces, comme une coulevrine chargée de mitraille jusqu'à la gueule. » (Lenient, *la Satire en France ou la Littérature militante au XVI*[e] *siècle.* — 1866.)

D'Aubigné s'exprime ainsi : « Croissoit la maladie du royaume, eschauffée par les vents de plusieurs esprits irrités, qui avec merveilleuse hardiesse faisoient imprimer livres, portans ce qu'en autre saison on n'eust pas voulu dire à l'oreille. » (*Hist.*, II, liv. II, chap. 2.)

Voilà bien le *Tigre,* invective à la manière antique, véritable catilinaire de la Réforme.

libelles dirigés contre lui, il affectât d'en faire *collection*, en disant que « c'estoient les couronnes de sa vie, pour le rendre immortel, » il sentit cette fois-là le fer rouge (1), et Brantôme rapporte que « si le galant auteur du « *Tigre* eust esté appréhendé, — quand il « eust eu cent mille vies, — il les eust toutes « perdues, » tant le cardinal en fut « estomaqué » et exaspéré.

Il ajoute même que « le grand et la grande (le cardinal et une très-grande et belle dame de sa parenté) en cuidèrent désespérer. »

III

Cependant le pamphlet avait fait son chemin, et, malgré tout le zèle déployé pour découvrir soit l'auteur, soit l'imprimeur, coupables d'un tel forfait, la justice n'arriva à rien.

---

(1) Voir sa harangue à l'assemblée de Fontainebleau, le 24 août 1559. (La Popelinière, éd. de 1582, n-8, t. I, p. 389.)

L'histoire, aussi bien que la fable, nous apprend qu'il faut, en pareil cas, que dame Justice trouve un criminel, qu'il faut qu'elle se venge, soit sur lui, soit sur « quelqu'un des siens. » Voici comment elle se vengea, en appréhendant, « sans autre forme de procès » (le mot y est), deux victimes pour une.

« On arrêta, dit De Thou, un pauvre libraire (*pauperculus librarius*) nommé Martin Lhommet, qu'on avait trouvé saisi d'un exemplaire de l'ouvrage, et on l'appliqua à la question pour lui faire avouer qui en était l'auteur, et qui était celui de qui il le tenait. N'ayant voulu rien avouer, il fut condamné au gibet. Lorsqu'on le menait au supplice, un marchand de la ville de Rouen, qui passait par là, à peine arrivé et encore botté (*Rotomagensis quidam institor, qui adhuc ocreatus ex via erat*), voyant le peuple extrêmement animé contre cet homme qu'attendait la potence et tout prêt à se ruer sur lui, engagea cette foule à modérer sa colère et à ne point souiller ses mains du sang d'un malheureux, quand le bourreau dans un instant les allait satisfaire. A ces mots, la populace de tourner sa fureur contre l'étranger et de le vouloir mettre en pièces. A peine s'est-il soustrait à leur rage que les archers s'emparent de lui et l'entraînent en prison, d'où il ne sort bientôt que pour être exécuté sur cette même place Maubert, où l'on avait pendu Lhommet, comme s'il eût été le confident et le complice de ce dernier. Cette exécution jeta de l'odieux sur le conseiller Du Lion (*non sine Leontii senatoris invidia*), lequel, pour faire sa cour aux princes lorrains, avait condamné à mort, avec une rigueur hors de propos (*præpostera severitate*), un homme innocent échappé à la fureur du peuple. »

Regnier de La Planche raconte les mêmes faits en ces termes :

« La Cour de Parlement faisoit de grandes perquisitions à l'encontre de ceux qui imprimoyent ou exposoyent en vente les escripts que l'on semoit contre ceux de Guyse. En quoy quelques jours se passèrent si accortement, qu'ils sçeurent enfin qui avoit imprimé un certain livret fort aigre intitulé *le Tygre*. Un conseiller nommé Du Lyon en eut la charge, qu'il accepta fort volontiers, pour la promesse d'un estat de président au parlement de Bourdeaux, duquel il pourroit tirer deniers, si bon luy sembloit. Ayant donc mis gens après, on trouva l'imprimeur, nommé Martin Lhommet, qui en estoit saisy. Enquis qui le luy avoit baillé, il respond que c'estoit un homme incogneu, et finalement en accuse plusieurs de l'avoir veu et leu, contre lesquels poursuytes furent faictes : mais ils le gaignèrent au pied.

« Ainsi qu'on menoit pendre cest imprimeur, il se trouva un marchand de Rouen, moyennement riche et de bonne apparence, lequel voyant le peuple de Paris estre fort animé contre ce patient, leur dict seulement : « *Eh quoy, mes amis, ne suffit-il pas qu'il meure? Laissez faire le bourreau. Le voulez-vous davantage tourmenter que sa sentence ne porte?* » (Or, ne sçavoit-il pas pourquoy on le faisoit mourir, et descendoit encores de cheval à une hostellerie prochaine.) A ceste parolle quelques presbtres s'attachent à luy, l'appellant huguenaud et compaignon de cest homme, et ne fut ceste question plustost esmeue que le peuple se jette sur sa mallette et le bast outrageusement. Sur ce bruict, ceux qu'on nomme La Justice approchent, et, pour le rafreschir, le mènent prisonnier en la conciergerie du palais, où il ne fut pas plustost arrivé que Du Lyon l'interrogue sommairement sur le faict du *Tygre* et des propos par luy tenus au peuple. Ce pauvre marchand jure ne sçavoir que c'estoit, ne l'avoir jamais veu, ny ouï parler de messieurs de Guyse ; dit qu'il est marchand qui se mesle seulement de ses affaires. Et quant aux propos par lui tenus, ils n'avoyent deu offenser aucun ; car meu de pitié et de compassion de voir mener au supplice un homme (lequel toutesfois il ne recognoissoit et n'avoit jamais veu), et voyant que le peuple le vouloit oster des mains du bourreau pour le faire mourir plus cruellement, il avoit seulement dict qu'ils laissassent faire au bourreau son office, et que là-dessus il a été injurié par des gens de robe longue, pillé, volé et outragé par le peuple, et mené prisonnier ignominieusement, sans avoir jamais mesfait ne mesdit à aucun, requérant à ceste fin qu'on enquist de sa vie et conversation, et qu'il se soumettoit au jugement de tout le monde.

« Du Lyon, sans autre forme et figure de procès, fait son rapport à la cour et aux juges délégués par icelle, qui le condamnent à être pendu et estranglé en la place Maubert, et au lieu mesme où avoit esté attaché cest imprimeur. Quelques jours après, Du Lyon se trouvant à souper en quelque grande compagnie, se meit à plaisanter de ce pauvre marchand. On luy remonstra l'iniquité du jugement par ses propos mesmes : *Que vou-*

lez-vous? dit-il, *il falloit bien contenter monsieur le Cardinal de quelque chose, puisque nous n'avons peu prendre l'autheur; car autrement il ne nous eust jamais donné relasche.* »

Les registres du Parlement consultés en 1842 par un magistrat chercheur et érudit, M. Taillandier, ont fourni deux arrêts relatifs à cette lamentable affaire et en ont fait connaître la date certaine (1) :

I° VEU PAR LA COURT le procès criminel faict à la requête du procureur général du Roy à l'encontre de Martin Lhomme, maître imprimeur, demeurant en cette ville de Paris, rue du Murier, près la rue Saint-Victor, aux trois marches de degré, natif de Rouen, prisonnier ès prisons de la Conciergerye du palais à Paris, pour avoir par le dict prisonnier imprimé les épistres, livres et cartelz diffamatoires, plains de sedition, schisme et scandales tendant à perturbation de repos et tranquilité publicque contre les edictz et ordonnances du Roy et proclamations faictes en ceste ville de Paris, ainsi que plus à plain est

(1) *Bulletin du Bibliophile*, fév. 1842, p. 51.

contenu audict procès, le procès-verbal de maistre Gilles Du Pré, commissaire et examinateur au Chastelet de Paris, du dimanche 23e de juing dernier passé, contenant l'emprisonnement de la personne dudict prisonnier, aultres procès-verbaulx de maistres Guillaume Duchemyn et Jehan Louschart, aussi commissaires et examinateurs audict Chastelet, les épistres, livres et cartelz diffamatoires mentionnez audict procès, desquelz ledict prisonnier a esté trouvé saisy, interrogatoires et confessions et répétitions du dict prisonnier, par lui faictes devant deux des conseillers de ladicte Court à ce par elle commis, les conclusions du procureur général du Roy, et ouï et interrogé par ladicte Court iceluy prisonnier sur les cas et crimes à lui imposez, et tout considéré,

« Il sera dict que, pour réparation desdicts cas et crimes mentionnez audict procès, la Court a condamné et condamne ledict Martin Lhomme à estre pendu et estranglé à une potence qui sera mise et affichée à la place Maulbert, lieu commode et convenable, et a déclaré tous et chascun les biens dudict prisonnier acquis et confisquez au Roy, en oultre ordonne la Court que les dicts cartelz, épistres, livres diffamatoires mentionnez audict procès seront arses et bruslez en la présence du dict prisonnier auparavant ladicte exécution de mort.

« LEMAISTRE. A. DE LYON.

« Prononcé audict Martin Lhomme prisonnier, pour ce faict venir en la chappelle de la dicte Conciergerie, le 13e jour de juillet, l'an 1560, et depuys exécuté le 15e jour de juillet audict an cinq cens soixante. »

IIo « LA COURT, après avoir ouï le rapport verbalement faict en icelle par Jehan Pean, huissier en la dicte Court, ensemble les procès-verbaulx de Jehan Chesnay, aussi huissier en la dicte Court, et de Jehan Louschart, commissaire et examinateur au Chastelet de Paris, par eulx faictz les diligences de prendre au corps aucunes personnes suyvant l'ordonnance de la dicte Court, pour estre ouy sur aucuns poinctz résultant du procès criminel faict à l'encontre de Martin Lhomme, prisonnier, auquel l'arrest de mort contre luy donné a esté prononcé le 13e jour de ce présent moys de juillet, et néantmoings l'exécution dudict arrest différée pour aulcunes considérations à ce mouvant la Cour, a ordonné et ordonne que ledict arrest donné à l'encontre dudict Martin Lhomme, prisonnier, sera exécuté selon la forme et teneur.

« LEMAISTRE. A. DE LYON.

« Prononcé audict prisonnier, pour ce faict venir en la chappelle de la dicte Conciergerie, le 15e jour de juillet l'an 1560. » (1)

---

(1) D'Aubigné, lui aussi, a mentionné le *Tigre*, mais sans le nommer; et les trois lignes de son *Histoire* qui s'y rapportent (Liv. II, ch. XVI), contiennent un nom tellement estropié, inintelligible (et cela dans les deux éditions), que nul ne s'est jamais, je crois, avisé d'y reconnaître le pauvre imprimeur Martin *Lhomme* ou *Lhommet*. C'est pourtant bien de *Lhommet* qu'il s'agit, à n'en pas douter, dans le texte que voici :

« Cette lecture (celle d'un « traitté nommé *Théo-* « *phile* ») en fit redoubler plusieurs autres pam- « phlets), notamment contre ceux de Guise : *le Mez* « (sic) en fut pendu à Paris : durant le supplice un « Normand voulut remonstrer à la populace l'iniquité « d'un tel jugement, qui l'en accabla de coups, et le « fallut pendre (pour la contenter) le lendemain en « mesme lieu. »

Ce passage est le même, mot pour mot, dans l'édition de Maillé, 1616 (page 99 du tome I) et dans celle de Genève, 1626 (page 131, col. 1). *Lhommet* y est est transformé en *le Mez*. Avis au futur éditeur de *l'Histoire* de d'Aubigné, de ce livre dont on apprécie enfin aujourd'hui la grande valeur historique et litté-

Ainsi, Martin Lhomme (*alias* Lhommet), maître imprimeur, arrêté le 23 juin 1560, nullement convaincu d'ailleurs d'être l'auteur ou l'éditeur du *Tigre*, avait été, nonobstant, condamné le 13 juillet, et pendu le 15 (1).

Le 18, un arrêt de non-lieu fit mettre en liberté, ou renvoyer devant le prévôt de Paris, Catherine Beaumanoir, femme de Martin Lhomme; Martial Gasteau, fondeur; Christophe Lhomme et Henri Senapel, ses serviteurs (probablement ses ouvriers); Antoine Braschet, colporteur, ainsi que trois autres imprimeurs de Paris, Roullin (ou plutôt Adolphe), Lamothe, Galliot (ou Guillaume) Thiboust,

---

raire, trop longtemps méconnue, et dont il importe que nous ayons désormais une édition classique.

(1) *Lhommet* n'était évidemment qu'un diminutif usuel de *Lhomme*, qui est le vrai nom, ainsi qu'on le voit dans l'arrêt de la Cour précité et dans le titre d'un livre publié par lui en 1558 : « Les Regrets de Charles d'Autriche empereur, V[e] de ce nom, ensemble la description du Beauvaisis et autres œuvres, par Jacques Grevin, de Clermont, dédiés à Mme Magdeleine de Suze, dame de Warty. A Paris, chez Martin Lhomme, imprimeur, demeurant à la rue du Meurier près la rue Saint Victor, 1558. » (Avec privilége. In-8 de 22 ff. non chiffrés)

et Jehan Bridier. Le ***retentum*** de l'arrêt porte que « les livres non réprouvés, trouvés en la « maison du dict Martin Lhomme, seront « rendus à sa femme, attendu sa pauvreté, » ce qui ne justifie que trop le mot de De Thou : ***pauperculus librarius*** (1).

---

(1) Sous cette rubrique : « *Le Tigre* fait mourir deux hommes », l'historien Jean de Serres dit :

« A l'encontre de tant de livrets publiés contre l'illégitime gouvernement de ceux de Guise, Jean du Tillet. greffier de la cour du Parlement à Paris, composa un livre intitulé : *la Majorité du Roy*... On lui fit plusieurs réponses fermes et véhémentes, auxquelles ni lui ni son frère, évesque de Saint-Brieuc, n'osèrent répliquer, quoiqu'ils en fussent instamment sollicités par le Cardinal, pour le contentement duquel, à la sollicitation d'un certain conseiller nommé Du Lyon, un imprimeur de Paris, nommé Martin Lhommet, fut pendu et estranglé pour avoir mis en lumière un livret intitulé *le Tigre*, fait contre ceux de Guise. Mesme traitement fut fait à un notable marchant de Rouen, qui, se trouvant à l'exécution, et voyant le peuple estrangement animé contre l'Hommet, avoit exhorté quelques-uns à se comporter plus modestement. Ce fut un procès sans forme ne figure, et pour contenter le Cardinal, comme Du Lyon l'avoua depuis en une grande compagnie » (***Histoire*** dite ***des Cinq Rois***, ou ***Recueil des Choses mémorables***, etc., 1595, in-8.)

On voit par cet extrait combien cet excellent ouvrage est exact et mérite créance.

Pour achever ces éclaircissements, disons que l'infortuné marchand de Rouen, qui eut la malechance d'arriver à Paris et de passer par la place Maubert, à l'heure du supplice de Martin Lhomme, se nommait Robert Dehors. C'est sous la date du 19 juillet que se trouve l'arrêt du président De Lyon, le condamnant à être pendu, « pour raison de la sé-
« dition et émotion populaire faite par ledict
« prisonnier, lors de l'exécution de mort de
« Martin Lhomme, par le moyen des propos
« scandaleux et blasphêmes dicts et proférés
« par ledict Dehors contre l'honneur de Dieu
« et de la glorieuse Vierge Marie, induisant
« par ledict prisonnier le peuple à sédition et
« scandales publics. » — Ce qui signifie tout simplement, comme le remarque M. le conseiller Taillandier, qu'il était *suspecté d'hérésie*. Autre temps, autre langage, mais mêmes procédés. Ne fallait-il pas que le conseiller De Lyon « contentât » M. le cardinal, afin de s'avancer et de « gagner son estat de président au parlement de Bordeaux ? »

Hélas ! ainsi va le monde !

IV

Toujours est-il que l'auteur du *Tigre*, après avoir trompé les investigations de la police de son temps, avait échappé de même aux poursuites des bibliophiles. On a pu croire, jusqu'à nos jours, que le corps du délit était totalement disparu. Les possesseurs du dangereux pamphlet en avaient-ils donc anéanti jusqu'au dernier exemplaire? Aucun auteur ne semblait en avoir parlé *de visu*, aucun bibliophile d'autrefois (pas même L'Estoile, si friand et si bien achalandé en fruit défendu) n'était signalé comme ayant rangé le fameux libelle parmi ses curiosités (1). Le titre lui-même n'en

(1) L'Estoile constate, à la date du 9 février 1608, que « l'inventaire de ses paquets contenant un ramas de « presque un siècle de nouvelletés et curiosités de ce « temps, sur toutes sortes de matières et sujets, » ne s'élevait pas à moins de 1210. Ce qu'il dit ailleurs (a la date du 27 juin 1607) nous apprend comment ont dû se perdre les quelques exemplaires survivants

était pas exactement connu, et l'on en était venu à douter (témoin les auteurs de la *Bibliothèque historique de la France*, 1769) que le pamphlet eût réellement existé à l'état d'*imprimé*.

C'est en 1834 qu'un exemplaire de ce véritable *phénix* fut enfin miraculeusement découvert par M. Louis Paris, alors bibliothécaire-archiviste de la ville de Reims, dans le magasin du libraire Techener, parmi des lots de vieux bouquins, provenant d'une bibliothèque de province. Il ne sut pas contenir sa joie (1); il la fit partager naïvement à Techener,

---

de certains pamphlets, dont la possession constituait par moments un grave péril. « Boudin m'a vendu ung « meschant petit livret que j'ai trouvé par hasard en « sa boutique, intitulé : *Taxe des parties casuelles « de la boutique du Pape*, en latin et en françois, im- « primé à Lyon, in-8°, 1564. Il y avoit longtemps que « j'en cherchois un, pour remettre à la place de celui « que je bruslai à la Saint-Barthélemy, craignant qu'il « ne me bruslast. »

(1) M. L. Paris a lui-même fait le récit de sa trouvaille : « Un jour, il était quatre heures de relevée, heure chère aux bibliophiles parisiens, j'entrai, selon l'habitude, chez Techener, pour y humer la sainte poussière de ses précieux bouquins. J'avise un lot de

qui en fit part aussitôt à Charles Nodier, lequel (moins naïvement) communiqua la grande nouvelle au monde lettré dans un célèbre article du *Bulletin du Bibliophile* (1re série, 1834, p. 9, n° 161).

Quel événement! Aussi, quelle émotion!

C'était bien le cas de s'écrier : *Habent sua fata libelli!* Un enfant perdu était donc retrouvé, et les bibliophiles se devaient de tuer le veau gras! Techener, après avoir fait donner au mince fascicule une belle et simple reliure, maroquin brun, par Bauzonnet, l'inscrivit à son catalogue (*Bulletin du Bibliophile*, nov. 1835. p. 48, n° 3212) avec cette cote d'honneur :

EPÎTRE ENVOYÉE AU TIGRE DE LA FRANCE, *rarissime pamphlet de* 14 *pages. Prix :* 200 *francs.*

---

vieilleries, qu'à son retour de voyage, Techener avait rapporté : l'un des volumes qui me tombent sous la main est un *Miscellanée*, ou recueil de plusieurs opuscules d'époques et de matières diverses. Tout à coup, je me sens tressaillir des pieds à la tête. Je venais de lire, à la volée, en feuilletant du pouce : *Au Tigre de la France!...* »

Brunet, le renommé thésauriseur de livres, s'en rendit aussitôt, au prix coûtant, légitime et incommutable propriétaire.

Appelé à en parler de nouveau dans le *Bulletin du Bibliophile* (nov. 1841, 4e série, p. 872), Charles Nodier épancha ainsi sa douleur : « Cet inappréciable pamphlet ne « m'appartient point. Ma petite dissertation « (de 1834), en révélant ses titres historiques, « le fit monter à un prix auquel je ne pouvais « plus atteindre, et il fait partie aujourd'hui « des brillantes richesses de notre savant bi- « bliographe M. Brunet. »

Ce dernier qui, dans son *Manuel du Libraire*, avait jusque-là nié l'existence de l'ouvrage, ou plutôt s'était prudemment abstenu d'en faire aucune mention, se donna le plaisir de le décrire dans la plus nouvelle édition. « C'est, dit-il, un petit in-8°, sans lieu d'im- « pression ni date, de 7 feuillets non chif- « frés, y compris le titre et le 7e feuillet « qui ne contient qu'un huitain. Chaque « page de texte, imprimée en gros caractè- « res romains, a 21 lignes, excepté la 10e qui « en a 22. Cet éloquent pamphlet dirigé con-

« tre le cardinal de Lorraine, alors tout puis-
« sant, est une invective imitée de la 1re Cati-
« linaire de Cicéron. » — Et Brunet ajoute avec un sentiment de doux orgueil : « *Mon « exemplaire est jusqu'ici le seul que l'on « connaisse. Charles Nodier l'a bien décrit « dans son excellente notice.* »

Pourtant, dans cette minutieuse description, Brunet a encore omis de dire : 1° que chaque page est encadrée de filets au carmin, et que la première a, sous le titre, une grande tache d'encre noire, de forme presque triangulaire, visiblement faite là à dessein, pour effacer quelque chose d'écrit dont on aperçoit encore la trace, mais trop peu pour qu'on puisse venir à bout de rien déchiffrer; 2° qu'au dessous de cette même tache, on lit ces cinq mots très-nettement tracés : *Ce livre est à Daniel Du Monstier.*

Cet *ex-libris* autographe est bien celui du célèbre dessinateur, à qui l'on doit tant d'admirables portraits, aux trois crayons, de personnages de la fin du XVIe siècle. Du Monstier était (comme Pierre de L'Estoile, comme son neveu le conseiller Du Puy, ses amis, comme Hotman-Villiers, fils de l'auteur du

Tigre, comme Justel et le célèbre médecin Rasse des Neux) un chercheur, un collectionneur de raretés (1).

---

(1) Du Monstier, nous dit Tallemant des Réaux, « étoit un peintre au crayon de diverses couleurs... Il savoit de l'italien et de l'espagnol, aimoit fort à lire, et il avoit assez de livres... Son cabinet étoit assez curieux : il y avoit sur l'escalier une grande paire de cornes, et au bas : « *Regardez les vostres* »; et au bas de ses livres : « *Le diable emporte les emprun-* « *teurs de livres.* » Du Monstier n'étoit catholique qu'à gros grains... A la mort de Du Monstier, le chancelier, par l'instigation des jésuites, fit acheter tous les livres qu'il avoit contre eux et les fit brûler. » (*Historiettes*, CXLI.) Il en est pourtant qui durent échapper, témoin certain manuscrit in-folio que M. Ed. Tricotel nous a récemment signalé a la Bibliothèque Nationale, et qui n'est autre qu'une copie de l'*Enfer*, antérieure à celle du Recueil Conrart, d'après laquelle nous en avions fait la publication (*L'Enfer, satire dans le goût de Sancy, etc.* Jouaust, 1873, in-18). Les lacunes y sont d'ailleurs les mêmes, et l'examen de ce ms. n'a diminué en rien nos *desiderata*. — Le premier feuillet porte en tête l'*ex-libris* autographe : *Ce livre est à Daniel Du Monstier*, et au dernier, le nom de Du Monstier se trouve encore écrit. Au dernier feuillet de garde, nous avons découvert un autre signe très-caractéristique et digne de remarque : c'est l'esquisse au crayon, très-légère et à peine visible, d'une charmante tête de femme.

V

Pendant de longues années le précieux *Tigre* reposa donc, gardé à vue par M. Brunet, dans l'ombre de sa belle bibliothèque. Il fut donné à quelques privilégiés de l'y contempler, sous son globe de verre, parfois de le tenir en main et de le parcourir des yeux. Je fus un de ces favorisés. Mais à aucun mortel il n'était permis d'en prendre *copie*. Charles Nodier, voulant en citer quelques phrases, dans son article de 1841, disait, non sans quelque amertume : « Je suis obligé de me les reprendre à moi-même, à défaut de pouvoir choisir parmi les autres; » et Géruzez, en corrigeant les épreuves de la dernière édition de ses excellents *Essais de littérature*, m'a déclaré que c'était par un effort de mémoire qu'il avait réussi à s'approprier les quelques lambeaux reproduits par lui. — Le spirituel écrivain avait ainsi dérobé ces parcelles du trésor, sous les yeux mêmes de son cerbère.

Lorsque, après la mort de Brunet, la mise en vente de ce trésor fut annoncée, il excita bien des convoitises. Plus d'un amateur demanda l'autorisation de *copier* la rarissime, et « plus que rarissime » plaquette, puisqu'elle n'a point de *double* connu et qu'elle équivaut à un texte manuscrit *unique* et *vierge*. Mais le libraire Potier, respectant fidèlement les intentions du défunt, se montra inexorable. Enfin vint le jour des enchères... et des folies (22 avril 1868). A qui resterait le numéro 651 ? Et à quel prix ? C'était la grande question. Potier se rendit tout d'abord acquéreur à 550 francs. La dispute fut chaude ; le chiffre s'éleva successivement à 1,400 francs, et M. le préfet de la Seine, ou plutôt le libraire Baur, qui le représentait en cette occasion solennelle, fut, à ce prix, proclamé adjudicataire. On disait qu'un riche et noble amateur avait poussé l'enchère jusqu'à 1.375 francs.

Je m'estimai heureux, je l'avoue, d'avoir pu doter d'un tel joyau la Bibliothèque de notre pauvre Ville de Paris, dont la direction m'était alors confiée. Il est bon qu'une bibliothèque publique retienne parfois au passage ces *raræ aves* de la bibliographie et qu'elle s'en fasse honneur. La Ville de Paris avait d'ailleurs, en cette circonstance, un intérêt particulier à posséder celui-ci, soit pour sa collection spécialement parisienne, déjà si riche, soit pour les vitrines bibliographiques du *Musée historique* qu'elle se proposait alors d'installer à l'Hôtel Carnavalet. Ne s'agissait-il pas d'un spécimen (et quel spécimen!) de pamphlet parisien, d'un libelle fameux qui avait mis en mouvement le Châtelet et le Parlement, et motivé la pendaison de deux innocents en place Maubert?

Mais, hélas! de combien peu s'en est-il fallu que ce petit livre, — unique exemplaire survivant et si étonnamment préservé jusqu'à nous, — ne fût tout à coup replongé dans le néant par la catastrophe à jamais maudite qui a fait sombrer notre infortunée Ville de Paris, et englouti, en quelques heures, *tous* les souvenirs, *toutes* les richesses amoncelées de son vieil édifice municipal : ses Archives si précieuses et encore inexplorées,

— les registres originaux et séculaires de son Etat-civil,—ses collections, si considérables et uniques en leur genre, de Plans de la Cité, de Monographies, de Vues et de Portraits, Peintures, Dessins, Estampes, Médailles, Manuscrits et Documents de toutes sortes, — sa Bibliothèque enfin!...

Honnis soient-ils, ceux qui nous ont valu le *risque-tout* et le *sauve-qui-peut* du 18 mars 1871, avec leurs abominables et irréparables conséquences!...

. . . .

Sollicité depuis longtemps de donner une réimpression du *Tigre* et concevant d'ailleurs, pour la sûreté de notre petit volume, je ne sais quelle vague et jalouse inquiétude, je ne l'avais point laissé dans mon cabinet de l'Hôtel-de-Ville (où j'ai subi des pertes personnelles considérables!) Je l'avais, en préparant mon travail, gardé par devers moi, dans mon domicile privé, —où il a bien failli rencontrer les mêmes vicissitudes, mais où finalement il a trouvé son salut : seule et unique épave de cet immense naufrage!

C'est donc aujourd'hui, à double titre, un

phénix bibliographique, et deux fois providentiellement retrouvé, qui renaît ici, on peut presque le dire, de ses cendres (1).

VI

L'auteur d'un excellent travail sur François Hotman, publié il y a quelques années (1850), M. Rodolphe Dareste, a parlé du *Tigre* en ces termes, d'après l'examen qu'il en avait pu faire chez M. Brunet :

« C'est, dit-il, de tous les libelles publiés « à cette époque, le plus violent et le plus élo« quent, le plus net et le plus concluant. — « Le grand défaut de la prose du XVIe siècle « est d'être, en général, lourde et traînante. « On savait trouver des mots heureux, des

(1) J'avais promis la présente réédition à l'Académie des Bibliophiles, qui me l'avait demandée, et je l'avais annoncée à l'Assemblée générale de la Société de l'Histoire de France, le 30 avril 1868, en y lisant une notice qui se trouve résumée dans son Bulletin, p. 134. Elle m'a été bien des fois réclamée depuis lors. Je suis heureux d'avoir pu enfin dégager ma parole

« expressions piquantes, mais on n'entendait « guère l'art de faire des phrases et de compo- « ser des discours. Au contraire, quoi de plus « vif et de plus serré que les apostrophes du « pamphlétaire *au Tigre?* Changez-en l'or- « thographe, et elles vous paraîtront écrites « d'hier. Tous les mots sont comptés et portent « coup, et l'intérêt va toujours croissant jus- « qu'au moment où l'auteur, s'arrêtant brus- « quement, termine par un mot admirable. »

Partageant le sentiment de M. Dareste, j'ai pensé que je ne devais pas me borner à donner une reproduction matériellement fidèle du *Tigre*. Comme il est plein de ces fautes de typographie et de ponctuation, qui trahissent une impression hâtive et clandestine, et en rendent la lecture pénible, j'ai jugé nécessaire d'en présenter d'abord un texte revisé, où l'orthographe ne fût pas sensiblement modifiée, mais qui mît le lecteur à même de ne pas hésiter à chaque ligne et de sentir tout d'abord les mouvements de haute éloquence de ce morceau si véhément, que l'on dirait, en effet, écrit d'hier. Je fais suivre cette première transcription, ainsi préparée *ad legendum*, d'un *fac-simile* ou report photographique *ad usum curiosorum*, plaçant sous les yeux des bibliophiles l'original même, page pour page, ligne pour ligne, mot pour mot. Pour les connaisseurs, ce sera évidemment, à tous égards, « la bonne édition; » ils y retrouveront toutes les taches originelles qu'ils auraient pu regretter de ne pas rencontrer dans la reproduction rectifiée.

Afin de ne pas étendre davantage ces préliminaires, je renvoie à l'Appendice tout ce qui reste à dire sur les points demeurés si longtemps incertains de l'auteur du *Tigre*, de la date et du lieu d'impression, ainsi que la paraphrase versifiée, dans laquelle on avait, à tort, voulu voir le véritable *Tigre* de 1560 : il n'était pas sans intérêt de les juxtaposer ici en regard l'un de l'autre.

LE TIGRE

TEXTE RECTIFIE

AU POINT DE VUE TYPOGRAPHIQUE

« *Nos auteurs ne seront jamais appréciés ce qu'ils valent, s'ils restent inintelligibles Il faut pouvoir les lire aisément...* »

J.-V. Leclerc,
Disc. sur l'état des lettres
au XVe siècle.

ÉPISTRE ENVOYÉE AU TIGRE DE la France

EPISTRE

Envoyée au Tigre de la France

IGRE enragé! Vipère venimeuse! Sépulcre d'abomination! Spectacle de malheur! Jusques à quand sera-ce que tu abuseras de la jeunesse de nostre Roy? Ne mettras-tu jamais fin à ton ambition démesurée, à tes impostures, à tes larcins? Ne vois-tu pas que tout le monde les sçait, les entend, les connoist? Qui penses-tu qui ignore ton détestable dessein, et qui ne lise en ton visage le malheur de tous nos jours, la ruine de ce Royaume, et la mort de nostre Roy?

Je ne veux d'autre tesmoignaige, pour te convaincre, que tes propres actions. Tu scais bien que, vivant le Roy Françoys premier (le jugement duquel étoit admirable), tu n'osois comparoistre devant luy, et qu'il défendit au feu Roy Henry, son fils, que toy ni les tiens n'eussiez aucune intelligence de ses affaires. Mais toy, voyant que ta vertu ne t'y pouvoit conduire, tu vins à implorer l'aide des femmes et demander leur alliance, envers lesquelles, après t'en estre prevalu, tu as esté non moins ingrat, que tu fus cruel à ton propre oncle, lequel, estant cassé et débilité de vieillesse et de maladie, tu contraignis d'avancér ses jours par le voyage de Rome, pour la faim qui te rongeoit incessamment de sa dépouille.

Avec tels moyens tu entras au maniement des affaires de ce Royaume, dont depuis il n'a esté que misérable. Car il n'a esté fait, dit, ne pensé chose par toy, qui ne revienne au dommage de la France, et au profit de ta maison. Qui fut l'entrée de la guerre d'Allemaigne? Ne fut-ce pas toy? Si je te demande la raison, me diras-tu que c'étoit pour bien que tu souhaitois à la couronne de France? Tu n'estois pas si peu malin, en ce temps-là, que tu n'entendisses bien où telle entreprise pouvoit revenir : mais la cupidité te mordoit de faire grande la maison de ton cousin, et l'espérance que tu te proposois de l'Evesché de Metz. Et aussi que, par ce voyage, tu assurois tes biens et avançois la fortune de ton frère aîné.

Toutes ces choses-là (et quelques autres que toy et moy savons bien) firent prendre les armes au feu Roy Henry. Qu'en est-il advenu? La mort d'une infinité de vaillans hommes, la pauvreté universelle de ce Royaume, fors qu'en ta maison, la perte de trois batailles, le délaissement du pays conquis. Tu me diras que ce n'a pas esté à ton occasion. As-tu jamais parlé de la paix, que lorsque tu n'osas parler de la guerre? N'as-tu pas fait un voyage à Rome, et devers tous les potentats d'Italie, parmi les neiges et les glaces, au plus grand froid de l'hiver, pour faire la guerre à Naples, lorsque les affaires étoient plus bouillantes par deça, entre l'empereur Charles, le grand guerroyeur, et le feu roi Henry? Tu savois bien que nos forces unies lui pouvoient bien résister, et tu les as voulu séparer et diviser au milieu du plus grand danger! Mais l'on aperçut ta malice et méchanceté, car, outre ce que tu fus désavoué par le feu Roy, la trève fut arrestée sans attendre ton retour. Mais, dis-moi, brave négociateur (la diligence duquel pour faire une méchanceté n'est point retardée par les neiges, par les glaces des Alpes, ni de l'Apennin), as-tu jamais fait démonstration de vouloir la paix? Si tu me parles du Chasteau-Cambrésis, je te dis que tu n'y avois aucune puissance, mais le tout despendoit du Connestable de France, avec lequel tu estois allé pour t'insinuer en son amitié, estant desjà averti du congé que l'on te minutoit.

Mais que me répondras-tu, quand je te dirai, qu'encore que le voyage de Naples fût une fois rompu, tu fis tant par tes impostures, que, sous l'amitié fardée d'un Pape dissimulateur, ton frère aisné fut fait chef de toute l'armée du Roy, pour s'en servir à se faire Roy lui-même, et, si le Pape fût mort, à te faire Pape?

Quand je te diray que, pour avoir diminué la France de ses forces, tu as faict perdre au feu Roy une bataille, et la ville de St Quentin ? — Quand je te diray que pour rompre la force de la justice de France et pour avoir les juges corrompus et semblables à toy, tu as introduit un semestre à la cour de Parlement ? — Quand je te diray que tu as fait venir le feu Roy pour te servir de ministre à ta méchanceté et impiété ? —

Quand je te diray que les fautes des finances de France ne viennent que de tes larcins ? — Quand je te diray qu'un mari est plus continent avec sa femme que tu n'es avec tes propres parentes? — Si je te dis encore que tu t'es emparé du gouvernement de la France, et as dérobé cet honneur aux Princes du sang, pour mettre la couronne de France en ta maison, — que pourras-tu répondre? Si tu le confesses, il te faut pendre et estrangler : si tu le nies, je te convaincrai.

Tu fais mourir ceux qui conspirent contre toy : et tu vis encore, qui as conspiré contre la couronne de France, contre les biens des veuves et des orphelins, contre le sang des tristes et des innocens! Tu fais profession de prescher de sainteté, toy qui ne connois

Dieu que de parole; qui ne tiens la religion chrétienne que comme un masque pour te déguiser; qui fais ordinaire trafic, banque et marchandise d'éveschés et de bénéfices; qui ne vois rien de saint que tu ne souilles, rien de chaste que tu ne violes, rien de bon que tu ne gâtes! L'honneur de ta sœur ne se peut garantir d'avec toy. Tu laisses ta robe, tu prends l'épée pour l'aller voir. Le mari ne peut être si vigilant, que tu ne déçoives sa femme.

Monstre détestable! Chacun te connoît, chacun t'apperçoit: et tu vis encore! N'oys-tu pas crier le sang de celuy que tu fis estrangler dans une chambre du bois de Vincennes? S'il estoit coupable, que n'a-t-il été puni publiquement? Où sont les témoins qui l'ont chargé? Pourquoi as-tu voulu en sa mort rompre et froisser toutes les loix de France, si tu pensois que par les loix il pût être condamné ?

Tu dis que ceux qui reprennent les vices médisent du Roy, tu veux donc qu'on t'estime Roy ? Si César fut occis pour avoir prétendu le sceptre injustement, doit-on permettre que tu vives, toy qui le demandes injustement ?

Mais pourquoi dis-je ceci ? Afin que tu te corriges ? Je connais ta jeunesse envieillie en son obstination, et tes mœurs si dépravées, que le récit de tes vices ne te sçauroit émouvoir. Tu n'es point de ceux-là que la honte de leur vilainie, ni le remords de leurs damnables intentions, puisse attirer à aucune résipicence et amendement. Mais si tu me veux croire, tu t'en iras cacher en quelque tannière, ou bien en quelque désert, si lointain que l'on n'oye ni vent ni nouvelles de toy! Et par ce moyen tu pourras éviter la pointe de cent mille espées qui t'attendent tous les jours!

Donc va-t'-en! Descharge-nous de ta tyrannie! Evite la main du bourreau! Qu'attends-tu encore? Ne vois-tu pas la patience des Princes du sang royal qui te le permet? Attends-tu le commandement de leur parolle, puisque leur silence t'a déclaré leur volonté? En le souffrant, ils te le commandent; en se taisant, ils te condamnent. Va donc, malheureux, et tu éviteras la punition digne de tes mérites!

LE TIGRE

FAC-SIMILE

DE L'ORIGINAL DE 1560

Oculis subjecta fidelibus.

HOR.

EPISTRE ENVOIEE AV TIGRE DE la France.

Ce liure est a Daniel Du monstier

EPISTRE
Enuoyée au Tigre de la France.

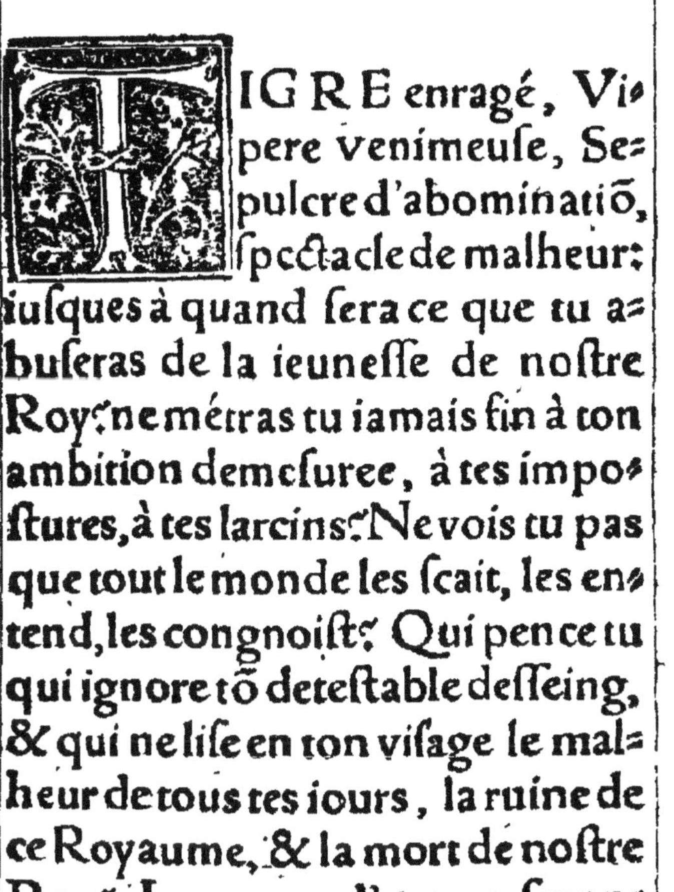

TIGRE enragé, Vipere venimeuſe, Sepulcre d'abominatiõ, ſpectacle de malheur: iuſques à quand ſera ce que tu abuſeras de la ieuneſſe de noſtre Roy? ne métras tu iamais fin à ton ambition demeſuree, à tes impoſtures, à tes larcins? Ne vois tu pas que tout le monde les ſcait, les entend, les congnoiſt? Qui pence tu qui ignore tõ deteſtable deſſeing, & qui ne liſe en ton viſage le malheur de tous tes iours, la ruine de ce Royaume, & la mort de noſtre Roy? Ie ne veux d'autre teſmongnaige pour te conuaincre que tes propres actiōs. Tu ſcais bien que viuant le Roy Francoys premier (le iugement duquel étoit admirable) tu n'oſois comparoiſtre deuant luy, & qu'il defendit au feu Rox Henry ſon fils, que toy ny les tiens n'euſſiez aucune intelligence de ſes affaires. Mays toy voyant que ta vertu ne t'y pouuoyt conduire, tu veins à implorer layde des femmes & demander leur alliance, enuers leſquelles apres t'en être preualu, tu as eſté non moins ingrat, que tu fus cruel à ton propre oncle, lequel eſtant caſſé & debilité de vielleſſe & de maladie, tu contraignis d'auãcer ſes iours par le voyage de Rome, pour la faim qui te rongeoit inceſſamment de ſa dépouille. Auec tels maniemēs

tu

tu entras aux maniemens des affaires de ce Royaume, dont depuis il n'à esté que miserable: car il n'à esté fait, dit, ne pensé chose par toy, qui ne reuienne au dommage de la Frãce, & au profit de ta maison. Qui fut l'ẽtree de la guerre d'Allemaigne? ne fusse pas toy? Si ie te demãde la raison, me diras tu que c'étoit pour bien que tu souhétois à la couronne de France? Tu n'estois pas si peu mallin en ce temps la, que tu n'entendisses bien ou telle entreprise pouuoyt reuenir: mais la cupidité te mordoit de faire grande la maison de ton cousin, & l'esperance que tu te proposois de l'Euesché de Metz. Et aussi que par ce voyage, tu asseurois tes biens & auancoys la fortune de ton frere aisné.

Toutes ces choses la, & quelques autres que toy & moy sçauōs bien, feirent prendre les armes au feu Roy Henry. Qu'en est il aduenu? la mort d'vne infinité de vaillans hommes, la poureté vniuerselle de ce Royaume, fors qu'ē ta maison: la perte de trois batailles le delaissement du pais conquis. Tu me diras que ce n'à pas esté à ton occasiō. As tu iamais parlé de la Paix, que lors que n'osas parler de la guerre? N'as tu pas fait vng voyage à Rome, & deuers tous les potentas d'Italie, parmy les neiges & les glaces, au plus grand froid de l'yuer? pour faire la guerre à Naples, lors que les affaires étoyēt plus bouillās par deca ētre l'Empereur Charles, le grād guerroier, & le feu Roy Henry? Tu sçauois bien

bien que nos forces vnies luy pouuoyent bien resister ? & tu les as voulu separer & diuiser au milieu du plus grand danger, mais l'on aperceut ta malice & méchanceté: car outre ce que tu fus desauoué par le feu Roy, la Tresue fut arrestee sans attēdre ton retour. Mais dy moy braue negociateur, (la diligence duquel pour faire vne méchanceté n'est point retardé par neiges, par les glaces des Alpes, ny de l'Apenyn) as tu iamais fait demōstration de vouloir la Paix? Si tu me parle du chasteau Chambresi, ie te dy que tu n'y auois aucune puissance: mais le tout despēdoit du Cōnestable de France, auec lequel tu estois allé pour te insinuer en son amitié, estant ia auerti du congé q̄ l'on te minutoit.

Mais que me respondras tu, quand ie te diray qu'encores que le voyage de Naples fut vne foys rompu, tu fis tant par tes impostures, que soubs l'amitie fardee d'vn Pape dissimulateur, ton frere aisné fut fait chef de toute l'armee du Roy, pour s'en seruir à se faire Roy luy mesmes, & si le Pape fut morr à te faire Pape.

Quand ie te diray que pour auoir diminué la France de ses forces, tu as fait perdre au feu Roy vne bataille, & la ville de sainct Quentin. Quand ie te diray que pour rompre la force de la Iustice de France, & pour auoir les iuges corrumpus & semblables à toy, tu as introduict vng semestre à la court de Parlement. Quand ie te diray q̃ tu as fait venir le feu Roy

pour

pour te seruir de ministre à ta méchanceté & impieté. Quand ie te diray que les fautes des finances de France ne viennent que de tes larcins. Quand ie te diray qu'vng mary est plus continent auec sa femme que tu n'es auec tes propres parentes. Si ie te dy encores que tu tes emparé du gouuernement de la France, & as desrobé cest hõneur aux Princes du sang, pour mettre la courõne de France en ta maison : que pourras tu respondre? Si tu le confesses, il te faut pendre & estrangler : si tu le nye, ie te conuaincray. Tu fais mourir ceux qui conspirent contre toy, & tu vis encores qui as conspiré contre la couronne de France, contre les biens des vefues & des orfelins, contre le sang des tristes & des in-

 nocens.

nocens. Tu fais profession de prescher de saincteté, toy qui ne congnois Dieu que de parolle, qui ne tiens la religion Chrestienne que cõme vn masque pour te deguiser, qui fais ordinaire traffique, bãque & marchandise d'Eueschez & de benefices, qui ne vois rien de sainct que tu ne souilles, rien de chaste que tu ne violles, rien de bon que tu ne gastes. L'hõneur de ta sœur ne se peut garentir d'auec toy, Tu laisses ta robe, tu prẽs l'espee pour l'aller voir. Le mary ne peut estre si vigillant, que tu ne decoyues sa fẽme. Monstre detestable chacun te congnoit, chacun t'apercoit, & tu vis encores? N'oys tu pas crier le sang de celuy que tu fis estrangler dans vne chambre du boys de Vincennes? S'il estoit coupable,

pable, que n'a il esté puny publiquement? Ou sont les tesmoingts qui l'ont chargé? Pourquoy as tu voulu en sa mort rõpre & froisser toutes les loix de France. Si tu pẽcoys que par les loix, il peut estre condemné? Tu dis que ceux qui reprengnent les vices, medisent du Roy; tu veux doncques qu'on t'estime Roy. Si Cæsar fut occi pour auoir pretendu le Séptre iniustement, doit on permettre que tu viues toy qui le demandes iniustement? Mais pourquoy dy ie cecy, afin que tu te corriges. Ie congnois ta ieunesse si enuiellie en son obstination, & tes meurs si desprauez, que le recit de tes vices ne te sçauroyent esmouuoir. Tu n'es point de ceux là que la honte de leur vilainie, ny le remors de leurs

dam-

damnables intẽtions, puiſſe attirer à aucune reſipiſcénce & amendement. Mais ſi tu me veux croyre, tu t'en iras cacher en quelque tanniere, ou bien en quelque deſert ſi loingtain, que l'on n'oye ny vẽt ny nouuelles de toy, Et par ce moyen tu pourras euiter la poincte de cent mille eſpees qui t'attendent tous les iours.

Doncques va ten, deſcharge nous de ta tyrannie, euites la main du bourreau, qu'attẽs tu encores? Ne vois tu pas la patiẽce des Princes du ſang Roial qui te le permet? attens tu le commandemẽt de leur parolle, puis que la ſilence t'a declaré leur volunté en le ſouffrant? ils te le commandent, en ſe taiſant, ils te condamnent. Va doncques malheureux, & tu eſuiteras la punition digne de tes merites.

Huitain.

Il m'eſt aduis qu'il te deburoit ſuffire
(Tigre euenté) voyr le Roy noſtre ſire
Vouloir ſoufrir remplir ta bource ainſi
De ſes treſors, va luy crier mercy
Va infecté, qu'il ne te face fuire:
Car s'il congnoit quelque iour en ſes ſens
Que tu reſpans le ſang des Innocens
Tu pourras dire alors qu'auras du pire.

FIN.

APPENDICE

LE TIGRE

SATIRE

SUR LES GESTES MÉMORABLES DES GUISARDS

1561

MESCHANT Diable acharné, Sépulcre abominable,
Spectacle de malheur, Vipère épouvantable,
Monstre, Tigre enragé, jusques à quand par toy
Verrons-nous abuser le jeune âge du Roy ?
Ne cesseront jamais tes lourdes impostures ?
Montreras-tu toujours tes vilaines ordures ?
Jamais, Traistre voleur, ne mettras-tu de fin
A ta briganderie et à tant de larcin
Que tu fais dans ce règne?... O malheureux Achriste!
Epicure deux fois, et trois fois Athéïste!
Incestueux vilain, ennemi de vertu,
Bourreau de notre peuple! Ores qui penses-tu
Qui tes desseins n'entende et n'ait bien connoissance
De l'évident péril que tu promets en France ?
Du danger de la mort, que nous voyons prochain
Sur la teste du Roy, si Dieu n'y met la main?
Et de cent mille maux piteux et déplorables
Qui menacent par toy ces pays misérables ?

Pour te convaincre ici, je ne veux amener
Que le tien propre fait, qui te peut condamner :
Car il est tout prouvé que ta fausse cautelle
Et secrette malice a toujours été telle,
Qu'aux yeux du Roy François, peu devant son trépas,
Pour ta meschanceté, montrer ne t'osois pas.
Mesme on sçait bien, durant sa mémorable vie,
Luy te connoissant bien, qu'il n'avoit pas envie
De se fier en toy, ni te voir près de luy,
Prévoyant bien le mal que tu fais aujourd'huy :
A Henry, dernier mort, ne fit-il pas défense
Que ni toy, ni les tiens n'eussent intelligence
Des affaires de France, et que de trahison
Il soupçonnoit déjà ta meschante maison ?
Mais quand tu vis alors ton espoir te séduire,
Pour ce que la vertu ne t'y pouvoit conduire,
Tu vins flatteusement les femmes implorer,
Cherchant par l'amitié d'icelles t'honorer,
Et, quoiqu'en ton endroit leurs faveurs les plus belles
N'espargnèrent en rien, toutesfois envers elles
Tu ne t'es point montré, avec ton cœur de fiel,
Moins ingrat, qu'à ton oncle inhumain et cruel,
Lorsque le contraignis, tout courbé de vieil âge,
De s'abréger les jours par le romain voyage,
Pour l'affamé désir, qui ton cœur émouvoit,
De vestir sa dépouille et les biens qu'il avoit.

Avecques tels moyens, à l'équité contraires,
Tu as pris en tes mains de France les affaires :
Tu as tant entrepris, qu'il n'y a plus que toy

Qui gouverne et conduis les affaires du Roy.
Et, ores qu'on voit tout en ta main dangereuse,
L'on voit pareillement la France malheureuse,
Car rien n'a été fait ni conduit par ta voix,
Qui ne soit à la perte et péril des François,
Afin que ta maison par ce dommage y gagne.
Car, c'est toy qui causas la guerre d'Allemagne,
Pour hausser ton cousin, et pour le bon espoir
De l'évesché de Metz que tu voulois avoir;
Pour assurer aussi tes biens et ta pécune
Et de ton frère aîné bienheurer la fortune.

Toutes ces choses là (plusieurs autres aussi
Que tu sçais comme moy, et que je tais ici)
Au défunt Roy Henry firent les armes prendre,
Dont la mort fit plusieurs dessus la terre estendre,
Par quoy toute misère et toute pauvreté
Toujours, depuis ce temps, dedans France a esté:
Et ne nous est resté, de guerre tant mortelle,
Qu'un triste sentiment d'angoisse universelle,
Perte de maints soldats fort vaillans et exquis
Et le délaissement de nos pays conquis!
Des Romains n'as-tu pas recheminé la terre
Pour, au fin cœur d'hiver, faire à Naples la guerre,
Lorsque du grand guerrier et puissant Empereur
Contre le Roy Henry s'efforçoit la fureur?
Tu savois bien alors que nos gents assemblées
Eussent de l'Empereur les forces accablées.
Mais, au plus grand péril pour la France abuser,
Enfin tu as bien sçu les rompre et diviser,

N'estant point ignorant que la discorde tremble,
Quand devant elle voit plusieurs liés ensemble.
Mais on apperçoit bien et toy et tes abus :
Car, outre que du Roy désavoué tu fus,
La trêve toutesfois en France se vient rendre
Par un accord conclu, sans ton retour attendre.
Mais dis-moy, je te prie, Monstre de fausseté,
Le soin duquel, pour faire une meschanceté,
Ne se voit retardé par les glaces et neiges,
Est-il un repos long qu'à la fin tu n'abrèges ?
Dis moy, meschant Cafard, as-tu esté jamais
Soigneux de conseiller un seul bien de la paix?
Si or' de Cambresys, Orgueilleux, tu te vantes,
Je te dis que ton heur, ni tes ruses meschantes,
N'y eurent ni pouvoir, ni grand crédit aussi;
Mais que le tout venoit de par Montmorancy,
Duquel à toy gagnas l'amour et l'alliance,
Pour ce qu'on te vouloit rejetter de la France.

Quand je te prouverai, qu'encore fut cassé
De Naples le voyage, et quand, ton cœur pressé
De vaine ambition dans ton âme allumée,
Tu fis ton frère aîné estre Chef d'une armée :
Et quand je te dirai que tout cela se fit
Par toy, pour estre Pape, et pour le seul proufit
Que tu te promettois, en pensant Roy le faire,
Comment me pourras-tu respondre et satisfaire ?

Quand je te prouverai que, mesme pour avoir
Diminué la France en sa force et pouvoir,

Tu fis que du feu Roy la bataille, ordonnée
Autour de Saint-Quentin, fut enfin ruinée?
Quand je te prouverai que, pour rompre les loix,
La justice, et le droit de nos pays François,
Et pour avoir à toy des juges tout semblables,
Tu as au Parlement introduit des coupables?
Si je te dis encor' que tu as fait venir
Le feu Roy, pour ton fait inique soutenir,
Et que les fautes mesme, aux finances trouvées,
Seront par tes larcins comme tiennes prouvées?
Quand je te soutiendrai (ce qu'on sçait en tous lieux)
Qu'un mari vers sa femme aussy se contient mieux
En ses affections, voire les plus ardentes,
Que tu ne fais, Vilain, avecque tes parentes?..

Et quand je te dirai que seul tu t'es baillé
Le maniement de France, et que tu as pillé
A nos princes du sang l'honneur qui t'environne,
Pour mettre, en ta maison, de France la Couronne,
Que me répondras-tu?... Si tu veux confesser
Tes crimes, Malheureux, te faut-il pas dresser,
Afin de te punir et justice te rendre,
Au milieu de la Cour, un gibet pour te pendre?
Si tu les veux nier, convaincre je te veux!

Car je te prouverai que tu fais mourir ceux
Qu'on connoist innocens, et desquels tu retires
Leurs biens par devers toy, mesme que tu conspires
Contre la pauvre veufve et le triste orphelin,
Et contre notre Roy, pour le perdre à la fin!

Tu fais profession de prescher l'Evangile,
Qui ne reconnois Dieu que pour chose futile,
Et la Religion des fidèles élus
Que pour masque à couvrir tes actes dissolus !
Qui fais des Eveschés et banque et marchandise,
Et penses cependant persécuter l'Eglise !
Qui ne vois rien de saint, qu'aux piés ne soit foulé,
Rien de chaste, et pudicq, qui ne soit violé,
Rien tenu pour constant, qu'à ton gré tu ne changes,
Rien de si net qu'enfin tu ne souilles aux fanges !
Car d'avecq' toy, Meschant, qui veux tout pervertir,
L'honneur ne se peut pas de ta sœur garantir :
Pour l'aller voir, tu ceinds à ton côté l'épée
Et ne te suffit pas d'un coup l'avoir trompée :
Le mari ne peut être en ce fait si rusé
Qu'il ne soit vû par toy de sa femme abusé !

Horribles sont les maux que tu te plais à faire,
Qui sont suivis de près par le marquis, ton frère :
Car lors qu'il fut à Dieppe, à ses gens il permit
D'effondrer la maison, et emporter le lit,
Et plusieurs autres biens de deux sœurs damoiselles
Pour n'avoir pu souiller le chaste honneur d'icelles.
Cet effronté paillard, avec ses maquereaux,
Au peuple Dieppois a causé mille maux.
Il n'a point eu horreur de donner la licence
Aux siens de paillarder et de faire insolence
Aux honnestes maisons, jusqu'à rendre contraints
Les habitants de Dieppe à coucher leurs putains.
Que si quelqu'un venoit devers luy pour se plaindre :

« Baille-leur, disait-il, ta femme pour éteindre
« Ce désir qui les brûle, et plus n'amèneront
« Coucher en ta maison les paillardes qu'ils ont! »
Il a pris des chevaux des villes et villages :
Aussi a-t-il, par force, avec plusieurs dommages,
Démonté les marchands; et trois hommes, à tort,
Par luy et par les siens, ont esté mis à mort :
Voilà comment ton frère, ainsi que toy, veut vivre,
Et, en tous tes malfaits, t'imiter et te suivre!
Car ainsi que tu fis (toy seul l'ayant mandé)
Dans les coffres fouiller du prince de Condé,
Ainsi qu'à un voleur et larron misérable,
Ton frère, en compaignie et grande et honorable,
Comme on prouvera bien, louangeant les excès,
Dit que tu faisois faire, au Palais, le procès
Et au Roy de Navarre et au prince, son frère,
Pour les crimes secrets que tu dis qu'ils font faire.
Par ainsi, Cardinal, prenant tout sur tes bras,
Tu fais du roy de France! Et si, tu ne l'es pas,
Oses-tu bien, larron, estranger infidelle,
A nos princes du sang faire une injure telle,
Estre bien si hardi, Traistre, de t'attacher
A leur royal honneur, et d'iceux t'empescher?

Si je voulois encor' du reste de tes frères
Amplement réciter les malfaits ordinaires
(Lesquels, tout aussi bien comme moy, tu entends)
Combien me faudroit-il y employer de tems?
Tout le monde sçait bien les factions perverses
Du Grand Prieur, ton frère, et ses ruses diverses,

D'où est venu le mal, qui s'est mis en avant
Par la guerre dernière En la mer du Levant,
Sous prétexte de bien, par luy combien de pertes !
Combien de lourds travaux et de peines souffertes !
Et combien de malheurs, de regrets et d'ennuy,
En la mort de plusieurs, avons-nous vus par luy !
Combien d'enfondremens des galères de France,
Et combien dans les eaux écouler de finance !
De tous ces meschants faits le monde est tout certain,
Et de les réciter seroit travail en vain.

Du Cardinal de Guise, est-il un qui ne sache
Ses actes dissolus, qui mesme ne se fasche
D'ouïr tant seulement qu'il donne plus de lieu
Et de gloire à Bacchus, qu'il ne fait pas à Dieu ?
D'ouïr que Jésus-Christ blasphemer il endure,
Et qu'il est, entre tous, le premier Epicure ?
D'ouïr qu'il aime mieux ses garces et putains
Tenir entre ses bras, qu'un bon livre en ses mains ?
Et cependant il veut que France le renomme,
Comme suivant la vie et les mœurs d'un saint homme !...
Que dirai-je d'Aumale ? Encor' qu'il ne soit mis
Au rang des plus méchants et des grands ennemis,
Si est-ce toutes fois que la réponse infâme
Qu'il fit au villageois, duquel la pauvre femme
Ses gens avaient forcée, a montré que son cœur
Est assez adversaire et ennemy d'honneur.
Car ce pauvre homme n'eut autre droit ni justice,
Sinon que : « Violence, en tels faits, n'est pas vice ! »
Et « qu'un homme tout seul, de droit, ne justement.

« Ne doit avoir sa femme à son commandement ! »
Quant est des braves tours du meschant duc de Guise
On sçait bien qu'il fait tout ainsi comme il advise,
Et que, toy comme luy, ou bien luy comme toy,
As autant de pouvoir en France que le Roy.

Monstre infect et vilain ! Nulle personne ignore
Tes horribles forfaits : et si, tu vis encore !...
Meschant ! Tous nos François tu veux faire périr :
Et personne pourtant ne te fait pas mourir !
Ne connoit-on pas bien que, par ta tyrannie,
Tu fais expressément venir de l'Italie
Huit mil bougres infects, avecques seize mil
Barbares et bourreaux, pour nous mettre en exil ;
Pour, au seul appétit de ta bouillante rage,
Donner piteusement notre France au pillage ;
Pour mesme abandonner, nous estant déconfits,
A Sodome et Gomor' nos filles et nos fils ;
Et pour livrer à force à une boucherie
Les jours calamiteux de notre pauvre vie !...
Ne connoit-on pas bien qu'aux vagues de la mer
Tu chasses la Noblesse, afin de l'abismer !
Ne provoques-tu pas encore l'Angleterre,
A faire maintenant une nouvelle guerre,
Non pas contre le Roy, mais contre toy, Meschant,
Qui vas le droit d'autruy par malice arrachant ?
Mais ne voit-on pas bien, que c'est toy qui travailles
Nostre peuple françois de tributs et de tailles.
Et que tu as juré de charger tant son dos,
Qu'il n'aura pas moyen d'avoir jamais repos ?

Ne sçavons-nous pas bien les torts que tu pourchasses
A notre nation, quand ores tu amasses
Les finances de France, afin, par ces moyens,
De payer tous ceux-là qu'à louage tu tiens,
Et cauteleusement que ta mémoire oublie
De payer cependant du Roy l'infanterie ?
Néanmoins tu veux être impudent et si fol
De penser, par ta fraude et ton malheureux dol,
Qu'aisément nous croirons, que cette gent brutalle
D'estrangers vient, par toy, pour la garde royale !
Hélas, ô pauvre France, est-ce là le bon bruit
Que tu as si long temps ? Est-ce là donc le fruit
De la fidélité, que maintenant il faille
Que, pour gardes du Roy, des estrangers on baille !

O Seigneur Eternel ! Veux-tu venger ainsy
Tant de sang innocent que l'on espand icy ?
Le tems est-il venu des angoisses cruelles
Que nos pauvres enfants, et mâles et femelles,
Par les Gommoréens des poings nous soient ravis,
Pour estre à leurs forfaits maintenant asservis,
Et que pareillement, dans la France éplorée,
La Couronne du Roy soit d'iceux transférée,
Que les larrons Guisards, du Roy tant soutenus,
Appellent *Huguenots,* comme estant provenus
Du Roy Hugues Capet, afin d'être remise
Entre les mains de ceux de la maison de Guise ?
Lesquels, pour davantage accroître leur renom,
Vantent de Charlemagne et leur race et leur nom,
Ne pouvant aux François mieux donner à entendre

Que la couronne doit de leur costé descendre !
Où donc est la sagesse, où sont les jugemens
Des Estats de la France et de ses Parlemens.
Qu'ils ne prennent en main, de ce fait, la justice ?
Où sont les Présidents ? Qu'est-ce de leur office ?
Doivent-ils ignorer ce qu'un enfant connoit :
« Que celuy qui prétend ou querelle aucun droit
« Sur le bien du pupille, à bon droit ne peut estre
« Son administrateur ? » Doivent-ils pas connoistre
Que celuy-là qui brigue une tuition
Ne doit être receu, à juste occasion,
Comme estant soupçonné ? O vous, conseillers sages,
Jusqu'à quand voulez-vous ignorer ces outrages ?
Ah ! France, tant loyalle et fidele à ton Roy,
Jusques à quand veux-tu porter ce mal sur toy ?
Jusques à quand, François, baisserez-vous les testes,
Pour vous laisser manger à ces estranges bestes,
Qui meurent tous les jours d'insatiable faim,
Et bâillent, altérés après le sang humain ?
Sus donc, France ! A ce coup, il faut que tu te vanges !
Arme-toy de ton ire encontre ces estranges !
Hausse ton noble cœur, et d'un bras vertueux
Enfondre-moy le chef de ces monstres hideux !
A ce coup, à ce coup, revange tes misères
Et ne laisse échapper un tout seul de ces frères !
Tire cent mille coups de pistole en leur flanc,
Consume leurs entraille' et leurs os et leur sang,
Et, après estre morts par les coups de ta foudre,
A la merci du vent éparpille leur poudre !
France, tire premier à ce rouge Voleur :

Avant que de mourir, arrache-luy le cœur!
Et, pour changer tes pleurs en nouvelles lyesses,
De tes fers émoulus taille-moy-le par pièces!

Ah! bougre Cardinal, qui vas tout ruinant,
C'est de toy que l'on parle! Ois-tu point maintenant
De ce peuple François, qui jusques au ciel monte,
L'effroyable clameur qui ses douleurs raconte?
Ois-tu point après toy, misérable Meurtrier,
Ois-tu point après toy le sang juste crier
De celui que tu fis, par tes menées fines,
Etrangler innocent dans le bois de Vinceines?
S'il estoit éprouvé coupable aucunement,
Que ne le faisois-tu mourir publiquement?
Qui sont ceux qui par droit devant toi l'accusèrent
Et où sont les témoins qui mesme le chargèrent?
Pourquoy as-tu voulu, en sa piteuse mort,
Rompre et casser les loix, le condamnant à tort?
Si les loix condamnoient à la mort son offense,
Que n'as-tu, par les loix, prononcé sa sentence?
Misérable tyran, ennemi d'équité,
Combien en as-tu fait mourir par cruauté!
Rompant entre tes mains l'Ordonnance françoise,
Combien en as-tu fait assommer dans *Amboise!*
Combien en as-tu fait, par tes sanglans bourreaux,
Au déçeu du Conseil, noyer parmi les eaux!
Ah! vilain Sodomit'! Penses-tu que la France
Puisse longtems souffrir ton excès et outrance?

Tu dis que tous ceux-là qui mesdisent de toy

Par un mesme moyen sont mesdisans du Roy :
Si César fut occis pour trop prétendre au sceptre,
A juste occasion nous ne devons permettre
Qu'encor' tu sois vivant, et, contre la raison,
Tu prétendes l'avoir pour grandir ta maison.

Retire-toi, Meschant ! et toy, et tous tes frères !
Cherche-moi les forests et dévale aux tanières !
Entre en quelque désert, et pleure les forfaits
Que misérablement tu as commis et faits !
Retire-toy si loing que le bruit, sur ses ailes,
Jamais de ce pays n'apporte les nouvelles !...
Que veux-tu donc attendre ? Echappe le danger,
Qui vient courant vers toy pour ta vie abréger
Et ne t'assure pas, voyant la patience
De nos Princes du sang : car leur muet silence
Te déclare le cœur et le vouloir qu'ils ont.
En se taisant, entre eux ton jugement ils font,
Et, en te souffrant tout, de partir te commandent :
Sinon, ta mort prochaine et ton sang ils demandent !

Quitte la place doncq, si sauver tu te veux !
Car par autre moyen éviter tu ne peux
De nos Françoises gents, de ta haine frappées,
La pointe et le taillant de cinq cens mil espées,
Qui, par tous ces pays, t'attendent quelque jour,
Pour purger de ses maux et la France et la Cour !

FIN DE LA SATIRE DU TIGRE

NOTES

DU *TYGRE* EN VERS

Titre. — Le *Tygre* en vers n'est autre chose que la traduction, ou plutôt la paraphrase rimée de l'*Epistre envoiee au Tigre de la France*, sans date, in-8 de 7 feuillets non chiffrés, sous la signat. A.-Av. Malgré la date de 1561, on n'y trouve relatés aucuns faits dépassant l'année 1560. Ceci prouve bien que cette pièce est une simple traduction de l'*Epistre* en prose.

N. B. L'*Epistre* en prose a été écrite après la conspiration d'Amboise (15 mars 1560) et avant l'arrestation du prince de Condé (30 oct., même année).

Vers 1. — L'auteur s'adresse directement dans cette pièce au cardinal Charles de Lorraine. Né le 17 févr. 1525, ce prélat mourut à Avignon le 26 déc. 1574, à l'âge de 49 ans et 10 mois.

Vers 3. — Cette épithète de *Tigre* donnée au cardinal était en quelque sorte de mode dans les satires dirigées contre lui, comme le démontrent les deux pièces suivantes :

I. Au cardinal.

Faulse vipere, aspic pernicieux,
Qui en ayant au diable ton service
Du tout voué, n'as rien que l'avarice,
Loup enraigé, renard ambitieux;

Bouc, mais de tous le plus incestueux,
Moqueur de Dieu, magazin de malice,
Où sa derniere espreuve fait le vice,
Tygre affamé du sang des vertueux;

Monstre hydeux, infect, insatiable,
Sans foy, sans loy, sans honte, abominable,
Fleau des chrestiens, contraire à verité.

Qu'attends-tu plus? Ne vois-tu la tempeste
Qui ja desja foudroye suz ta teste,
Et contre toy Dieu tres fort irrite?

(Bibl. nat. *Mss.* 22560, vol. A, p. 17.)

II. De luy mesmes.

Loup ravissant, tygre trop inhumain,
Enflé d'orgueil et de tout malefice,
Cessera point ta ravissante main
A fourraiger la France, ta nourrice?
Regarde à toy et au futur supplice,
Dond tu ne peux nullement eschapper.
Je te voy ja trainer, lier, happer
Ne crains tu point, estant dessus l'eschelle?
Atten un peu : on te vient attraper
L'enfer aussi est tout prest qui t'appelle.

(Ibid., vol. A, p 19.)

Vers 4. — François II, né le 20 janv. 1544, mort à Orléans d'un mal à l'oreille le 5 déc. 1560. Voyez sur lui Castelnau, *Mém.*, édit. de 1731, 3 vol. in-fol., t. Ier, p. 520-524 (*Additions* de Le Laboureur).

Vers 9. — *Achriste :* qui ne croit pas au Christ.

Vers 11. — On accusait le cardinal de Lorraine, mais sans doute à tort, de relations intimes avec sa belle-sœur Anne d'Este, femme de François, duc de Guise. Sa sœur Renée, abbesse de Saint-Pierre de Reims, Marie Stuart, sa nièce, Catherine de Médicis, elle-même, s'il faut en croire les pamphlétaires, auraient partagé ses déréglements. Tout ceci ne saurait être pris, on le pense bien, pour article de foi Ces reproches contre le cardinal sont encore formulés dans : *Le Réveille-Matin des François et de leurs voisins, composé par Eusèbe Philadelphe, cosmopolite, en forme de dialogues* (Edimbourg, Jaques James, 1574, 2 vol. in-8. Voir t. Ier, p. 11-13).

Vers 24. — Dans la *Supplication et Remonstrance adressée au Roy de Navarre et autres Princes du sang de France pour la délivrance du roy et du royaume,* pièce datée de 1560, on lit ces quelques lignes sur les Guises : « O prudent et excellent roy François, combien s'en fault-il que tu n'ayes este vray prophète, quand tu predis ce que nous voyons quasi à l'œil, que si jamais ceste meschante maison de Guise gouvernoit le Roy ton fils, elle le mettroit en chemise. » (*Mém. de Condé*, édit. in-4, t. Ier, p. 500).

Ce mot de François Ier à l'égard des Lorrains a été

enchâssé en un quatrain bien connu, dont voici le vrai texte :

Le feu Roy devina ce point,
Que ceux de la maison de Guyse
Mettroyent ses enfans en pourpoint,
Et son poure peuple en chemise

La leçon que nous donnons se trouve à la page 24 de l'opuscule : *L'Histoire du tumulte d'Amboyse advenu au moys de mars MDLX, ensemble un Avertissement et une Complainte au Peuple françois*, 1560, in-8 de 28 p., plus un feuillet non chiffré. Nous ferons remarquer que ce quatrain a été composé sous le règne de Henri II : les mots « *le feu Roy* » le prouvent suffisamment.

Vers 29. — Henri II, né le 31 mars 1519, mort le 10 juillet 1559, à l'âge de 40 ans et 3 mois.

Vers 35. — Allusion à Diane de Poitiers, maîtresse de Henri II, qui par son influence sur le roi, avait contribué à l'élévation des Guises. Ils l'abandonnèrent en 1559, lors de l'avénement de François II à la couronne, et cette ingratitude leur est justement reprochée par l'auteur anonyme de la satire. Voyez à cet égard la *Supplication et Remonstrance adressée au Roy de Navarre* (*Mém. de Condé*, t. Ier, p. 505, 517 et 518) et la *Légende de Charles cardinal de Lorraine* (*ibid.*, t. VI, Ire partie, p. 6 et 13.)

Vers 40. — Jean, cardinal de Lorraine, né en avril 1498 et mort en mai 1550 d'une attaque d'apoplexie. Il avait été nommé cardinal par Léon X, en 1518. Voyez sur sa mort De Thou, ***Hist. universelle,*** trad. franç., édit. de 1734, t. Ier, p. 402 (liv. VI), et Réné de Bouillé, ***Hist. des ducs de Guise*** (1849-1850, 4 vol. in-8, t. Ier, p. 232-233).

Les mœurs de ce prélat étaient loin d'être chastes : aussi Brantôme ne l'a pas oublié dans ses ***Dames galantes*** (Discours VII, édit. Garnier, Paris, 1848, in-12, p. 358-360). Bayle a appliqué à tort, en son *Dictionnaire* (lettre L), au cardinal Charles de Lorraine, le passage de Brantôme que nous venons d'indiquer : il concerne exclusivement son oncle Jean. C'est là une erreur qui mérite d'être rectifiée.

On lui fit cette épitaphe simple et touchante :

EPITAPHE DE JEHAN, CARDINAL DE LORRAINE.

Des voluptés et delices du monde
N'ay eu deffault au temps que j'ay vescu,
Ce neantmoins la mort trop furibunde
En les prenant m'a surprins et veincu.
Or en vivant n'ay avarice onc eu,
Mais comme prince aymant l'heur de noblesse,
Ay par le monde espandu ma largesse,
Dont durera à jamais ma mémoire;
Reste que Dieu par Christ, ma seure adresse,
Me donne au ciel les délices de gloire.

(*Mss.* 22561, 2e partie, p 155.)

Vers 41. — Il semble qu'il y a de l'exagération à qualifier de la sorte le cardinal Jean : il mourut en 1550, âgé seulement de 52 ans.

Vers 42. — Le *romain voyage* est celui que fit le cardinal Jean, pour se rendre au conclave après la mort de Paul III (10 nov. 1549) : le cardinal del Monte fut élu pape le 8 févr. 1550 et prit le nom de Jules III.

Vers 44. — Sur cette conduite de Charles de Lorraine à l'égard de son oncle, voyez *la Légende du cardinal de Lorraine* (*Mém. de Condé*, t. VI, 1re partie, p. 13-15). En héritant des biens et des bénéfices, le cardinal se garda bien de payer les dettes.

Vers 54. — La guerre d'Allemagne, en 1552.

Vers 55. — Ce cousin était Charles II, duc de Lorraine, fils de François de Lorraine et de Christine de Danemark. Né le 15 févr. 1543, il mourut le 14 mai 1608. Il épousa, en fév. 1559, Claude de France, seconde fille de Henri II.

Vers 56. — La ville de Metz fut prise, le 10 avril 1552, par le connétable de Montmorency : l'évêque était alors Robert de Lenoncourt. — « De là donques s'ensuit le voyage d'Allemaigne auquel ces malheureux faillirent (Dieu merci) à leur entreprise en ce qu'il ne permit que l'Allemaigne tombast en leurs pattes : mais leur cruauté fut telle que leur propre païs de Lorraine en feit pour lors la première expérience, comme à la vérité elle semble n'en avoir esté indigne pour avoir produict de telles et si venimeuses viperes au monde. Et pour preuve de nostre dire, quand il n'y auroit qu'une seule ville de Mets pour en tesmoigner, quel tesmoignage plus suffisant scauroit on requerir ?

Car qu'est-ce que ceste povre ville n'a souffert en peu d'années, et par dedans et par dehors, estant despouillée de sa liberté sous ombre de la protection d'icelle, desmembrée de l'Empire, ruinée pour la plupart et (qui est le comble de toutes ses misères) reduite en la servitude du cardinal qui, soubz un nom emprunté, en tire tous les ans pour le moins cent mille livres.... » (*Supplication et Remontrance*, etc.., aux *Mém. de Condé*, t. Ier, p. 509-510.) Voyez aussi ce même passage reproduit presque textuellement, dans la *Légende du cardinal de Lorraine*, édit. citée, t. VI, p. 20-21.

Le cardinal de Lorraine, d'abord coadjuteur de son oncle Jean à l'évêché de Metz, dès l'année 1548, devint évêque de cette ville, à la mort de ce dernier, en 1550 : il résigna, en 1551, son évêché à Robert de Lenoncourt, mais avec réserve expresse de conserver par devers lui l'administration du temporel de cet évêché. Il garda toute sa vie ce titre d'administrateur du temporel, sous ses trois successeurs à l'évêché de Metz : Robert de Lenoncourt, François de Beaucaire, et Louis, mort en 1578. Voyez à ce sujet l'ouvrage de Meurisse : *Hist. des evesques de l'Eglise de Metz* (Metz, Jean Anthoine, 1634, in-folio, p. 614-617).

Vers 58. — François de Lorraine, duc de Guise, né le 17 février 1519, et assassiné par Poltrot, au mois de fév. 1563.

Vers 69. — En 1555 : le cardinal se rendait auprès du pape Paul IV (Jean-Pierre Caraffe). Il avait déjà fait deux voyages à Rome en 1547 et en 1549.

Vers 71. — Charles-Quint.

Vers 81. — Trêve conclue à Vaucelles, près de Cambrai, le 5 fév. 1556 : elle devait durer cinq ans, mais fut bien vite rompue. Voyez De Thou, *Hist. universelle*, trad. franç., édit. de 1734, in-4, t. III, p. 12-13 (liv. XVII), et l'abbé Lambert, *Histoire et règne de Henri II* (Paris, Bauche, 1755, 2 vol. in-12, t. II, p. 184-188).

Vers 89. — La paix de Cateau-Cambresis fut signée entre la France et l'Espagne, le 3 avril 1559, paix honteuse, disent tous les historiens. Voyez sur cette paix, De Thou, *Histoire universelle*, édition citée, t. III, p. 350-355, liv. XXII; Jean de Serres *Histoire des choses mémorables avenues en France depuis l'an* 1547, *etc...*, 1599, in-8, p. 60-61; l'abbé Lambert, *Histoire et règne de Henri II*, t. II, p. 397-403.

Vers 92. — Anne de Montmorency, connétable de France, né en 1493, mort en déc 1567, des blessures reçues à la bataille de Saint-Denis. Voyez sur lui Brantôme, édit. du Panthéon littér. (t. Ier, p. 313-317, 324-332); les *Mém.* de Castelnau, édit. Le Laboureur (1731, in-fol., t. Ier, p 325-341; t. II, p. 500-514), et de Mayer, *Galerie philos. du seizième siècle* (Paris, Moutard, 1783-1790, 3 vol. in-8, t. III, p. 125-134). Les protestants qu'il n'aimait point et qui lui rendaient la pareille se vengèrent en lui décochant cette épitaphe satirique :

Epitaphe d'Anne de Monmorancy, connestable de France (1567).

Cy gist le compere Aplanos *,
Qui supportoit les Huguenos,
Deux fois connestable de France,
Et trois fois prins par sa vaillance **,
Au reste le premier chrestien
Qui jamais ne fit rien pour rien.
Encor pour néant n'est il mort,
Et si a present il ne mord,
C'est qu'il ne trouve rien a prendre.
Sinon des vers et de la cendre.

(*Mss.* 10304, p. 176.)

Vers 98. — Allusion à la malheureuse campagne d'Italie de 1557. Le duc François de Guise était parti à la fin de nov. de l'année précédente. Il dut retourner en France, rappelé par une dépêche de Henri II, en date du 15 août 1557, écrite cinq jours après la perte de la bataille de Saint-Quentin.

Vers 100. — Cette accusation contre les deux frères n'était pas dépourvue de tout fondement. On disait que le cardinal voulait être pape (Paul IV était alors fort âgé, à cette date de 1557), et le duc de Guise roi de Naples. Tous les pamphlets anti-guisards, De Thou lui-même, attribuent l'expédition d'Italie à l'ambition des Lorrains qui caressaient avec

* Allusion à la devise du connétable.

** En 1525, 1557, 1562, aux batailles de Pavie, de Saint-Quentin et de Dreux.

amour ces rêves plus ou moins chimériques. — Quant aux poetes protestants, ils raillèrent d'une manière piquante les audacieuses prétentions des deux frères, et lancèrent contre eux une grêle de *pasquils*. En voici quelques-uns que nous trouvons dans Le Laboureur (*Additions à Castelnau*):

I. Quelque mine que tu face,
Bien aussi fasche te voy
De mourir sans estre pape,
Que cestuy sans estre Roy.

(Castelnau, *Mem.*, édit de 1731, t. I, p. 397, *Mss.* 22560, vol. A, p 17.)

II. Par l'aliance — et amour eternelle *
Du cardinal — faite avecque le Roy,
On voit tout mal — ne trouver plus de quoy
Battre la France — et sa fleur immortelle
Qui Dieu mesprise. — il sent sa main cruelle,
Luy jusqu'au bout — aime et soustient la loy.
Qui pille tout, — et veut vivre sans loy,
Son frere Guise — afflige de bon zele

Ces deux fort bien — ayans un cœur uny
Gardent que rien — demeurant impuny
Ne leur eschappe — O tre heureuse France!

Car l'un de soy — connoissant combien craint,
Veut estre Roy. — sa justice il advance,
Et l'autre Pape — imite tant est saint

(Castelnau, *ibid*, p. 279; *Mss.* 22560, vol A, p 21.)

On remarquera que ce sonnet, lu en entier, est tout à fait élogieux pour le cardinal de Lorraine et pour le

* Variante *mutuelle*

duc de Guise; coupé en deux, il présente un sens tout contraire.

La pièce intitulée : *Les Estats de France opprimés par la tyrannie de Guise* (1560), et la *Légende du cardinal de Lorraine,* n'ont pas oublié de mentionner ces prétentions des Guisards à la papauté et à la couronne de Naples. (Voyez *Mém. de Condé,* t. Ier, p. 407-408; t. VI, p. 24.)

Vers 106. — La bataille de Saint-Quentin est du 10 août 1557 : elle fut gagnée sur le connétable de Montmorency, par Emmanuel Philibert, duc de Savoie. (Voyez sur cette bataille De Thou, liv. XIX, t. III, p. 156-162; Jean de Serres, ouvrage cité, p. 51-52; Lambert, *Hist. de Henri II,* t. II, p. 277-285.)

Vers 110. — C'est-à-dire des juges à la dévotion du cardinal, et qui ne valent pas mieux que lui.

Vers 113. — On accusait le cardinal de dilapidations au fait des finances, et ces concussions, disaient ses ennemis, avaient surtout eu lieu sous le règne de Henri. De là ces vers qui coururent contre les Guises, du temps de François II :

I. LORRAINS.

Si voulez de vostre renom
Tost avoir certaines nouvelles,
Ostez un I de vostre nom,
Et transposez les deux voyelles *.
(*Mss.* 22560, vol. A, p. 17.)

---

* Ce qui fait *larrons*.

II. De Charles de Lorraine, cardinal

Si lors qu'Henry vivoit encor.
Tu as, mechant, ravy tout l'or
Et tout le bien de France, en sorte
Que le peuple en est appauvry,
Ton nom tourné à bon droit porte
Que *racle as l'or de Henry* *

(*Ibid.*, vol. A, p. 122)

III. Du Cardinal.

Charles, cardinal de Lorraine,
Voulant mettre France en ruyne,
Cuydant de tous estre adore,
Ses faits sont par trop descouverts,
Ainsi qu'il advient aux pervers.
Car *il cherra l'asne doré* **.

(*Ibid.*, vol. A, p. 268.)

Vers 118. — Sur les débauches plus ou moins avérées du cardinal avec ses parentes, voyez la note sur le vers 11.

Vers 134. — « Cependant il est très certain que le cardinal, quoy qui vous écrive, n'a aucun soin de la religion, ou réformation des choses en mieux : car estant congneu de tous pour athée, contempteur manifeste de la parole de Dieu et corrumpu en toute sa vie, comment pourroit-on penser qu'il eust zelle à la vérité de l'Evangile, ou voulust reformation en la vie des Prelats, ou consentist à

---

* Anagramme de . *Charles de Lorraine.*

** Autre anagramme.

aucune bonne chose ?... » (*Brieve exposition des lettres du cardinal de Lorraine envoyées au nom du Roy aux cours de Parlement*, 1560, dans les *Mém. de Condé*, t. Ier, p. 358.) Voyez encore la *Supplication et remonstrance adressée au Roy de Navarre* (*Ibid.*, t. Ier, p. 520-521).

Vers 137. — Sur ce grand nombre d'évêchés et d'abbayes que possédait le cardinal de Lorraine, nous citerons ce passage de la *Supplication et remonstrance*, etc. : « ... Et nommément quant au cardinal, qui fait du prescheur et théologien, trouvera il que l'Escripture Saincte approuve pluralité d'eveschez ou d'abbayes dont il est accablé, ou que l'evesque face ordinaire d'estre absent de son esveschè, ou que pour faire fraude aux décrets et canons, il soit permis d'avoir des masques à louage qui ayent les tiltres dont Monsieur l'insatiable engouffre le profict ? » (*Mém. de Condé*, t. Ier, p. 522.) — Voyez aussi à ce sujet la note sur le vers 56.

Vers 138. — C'est-à-dire l'Eglise protestante ou huguenote.

Vers 144. — Lisez *belle-sœur* : il s'agit d'Anne d'Este, femme du duc de Guise.

Vers 150. — René de Lorraine, marquis d'Elbeuf, né le 14 août 1536, mort en 1566. Remy Belleau a écrit des vers sur le trépas de son maître et de son bienfaiteur (*Œuvres compl. de Remy Belleau*, édition Gouverneur. Paris, 1867, 3 vol. in-16, t II, p. 258-266). Voyez sur lui Brantôme, édition du Panthéon littéraire, t. Ier, p 444;

Castelnau, *Mém.*, 1731, 3 vol. in-fol. p. 438-439 (*Additions de Le Laboureur*).

Vers 156. — Je n'ai rien trouvé sur ces excès commis à Dieppe, sans doute en 1560, sous le règne de François II. J'ai consulté inutilement les *Mém.* de Vieilleville; Desmarquets, *Mém. chronologiques pour servir à l'hist. de Dieppe*, 1785, 2 vol. in-12, et Vitet, *Hist. de Dieppe*, 1844, in-12. — Il est question des débauches du marquis d'Elbeuf dans la *Supplication et remonstrance* (*Mém. de Condé*, t. Ier, p. 519). On dit de lui que tout le monde le reconnaît « pour ung monstre en toute paillardise et villenie, plustot que pour ung homme. » Voyez aussi le même ouvrage, p. 504.

Vers 172. — Louis de Bourbon, prince de Condé, tué à Jarnac en 1569. Voyez, sur cette saisie et fouille des papiers du prince, Regnier de la Planche, *Histoire de l'Estat de France, tant de la république que de la religion, sous le règne de François II* (Edit. du Panth. littér., p. 268).

Vers 177. — Antoine de Bourbon, roi de Navarre, frère du prince de Condé. Il mourut aux Andelys, le 17 nov. 1562, des suites de la blessure qu'il avait reçue au siége de Rouen Voyez sur lui Brantôme, édit. du Panth. litt., t. Ier, p. 470-474; Le Laboureur, *Additions à Castelnau*, t. Ier, p. 845-856.

Vers 190. — François de Lorraine, grand prieur de Malte en 1549, général des galères de France en 1557. Né le 18 avril 1534, il mourut le 7 mars 1563 (d'autres disent le 6), à l'âge de 28 ans et 10 mois. Voyez les *Mém. de Condé*, t. Ier, p. 504 (*Supplication et remonstrance*, etc., 1560); Brantôme, t. Ier, p. 402-407, et Le Laboureur, *Additions à Castelnau*, t. Ier, p. 439-450.

Il existe sur sa mort une pièce de vers signée des initiales I. G., et intitulée : *Epitaphe de Françoys de Lorraine, grand prieur de France, enterré au Temple à Paris le dernier jour de mars* 1562. A Paris, de l'imprimerie de Thomas Richard, à la Bible d'or, devant le collége de Reims, 1563 (in-4 de 2 feuillets non chiff. Sig. A.-Aij). Cette pièce étant très-rare, nous en citons quelques vers :

Passant, qui sans penser au destin rigoureux,
Vivant, au pris des morts, t'estimes bien heureux,
Arreste un peu le pas, et tu pourras cognoistre
Lequel est plus heureux, ou celuy qui vient naistre
Ou celuy qui, mourant, laisse avecques son nom
Les fidelles tesmoings d'un immortel renom.

Soubs ce marbre engourdi demeure l'ombre vaine
Et le corps enferme de *François de Lorraine*,
Non de ce grand Francois qui, par ses braves faicts,
Deffendit les Lorrains et recouvra Calais :
Mais d'un qui descendu d'un mesme pere et mere,
Suivit assez de pres la grandeur de son frere,
Qui deffendant la foy ne voulut s'espargner,
Comme de sa vertu Malthe peult tesmoigner,
Qui deffendit son Roy, voire toute la France,
Comme confesse assez la coste de Provance,
Les nourrissons du Rhin, le Pais boullenois,
Les remparts emmures des frontieres d'Artois.

Vers 201. — C'est le *Cardinal des bouteilles :* Louis

de Lorraine, cardinal de Guise, né le 21 oct. 1527, mort à Paris le 29 mars 1578, à l'âge de 50 ans. « Le samedi 29 mars, veille de Pasques, mourust à Paris le cardinal de Guise qui estoit demeuré le dernier de six freres de la maison de Guise; neantmoins mourust jeune comme en l'aage de quarante huict ans. Son corps fut porté de l'hostel de Sens où il estoit decedé en une chapelle de l'abbaie de Saint-Victor lès Paris, de laquelle il avoit esté abbé vingt-cinq ans, et depuis fut là inhumé. On apeloit ce bon prélat le *Cardinal des Bouteilles*, pource qu'il les aimoit fort, et ne se mesloit gueres d'autres affaires que de celles de sa cuisine où il se cognoissait fort bien, et les entendoit mieux que celles de la religion et de l'estat. » (Lestoile, *Journal de Henri III*, édit. Nouv. Paris, 1875, in-8, t. I, p. 238.)

Vers 211. — Claude de Lorraine, duc d'Aumale, né le 1er août 1526, tué au siége de la Rochelle le 3 mars 1573, à l'âge de 46 ans et 7 mois. Voyez sur lui : Brantôme, t. Ier, p. 444-446, et l'ouvrage en vers de Jean Heluis, intitulé : *Les tombeaus et discours des fais et deplorable mort de tres-debonnaire et magnanime prince Claude de Lorraine duc d'Aumale, pair et grand veneur de France, gouverneur de Bourgongne, et des plus signalés de ce royaume, occis es guerres civiles meues pour le fait de la religion depuis l'an* 1562 *jusques a présent. A la tres-illustre et tres-constante maison de Lorraine, par Jean Heluis, de Beauvoisis.* A Paris, par Denis du Pré, imprimeur, demeurant en la rue des Amandiers à l'enseigne de la

Vérité. Avec privilége du roy, sans date (après 1573), in-8 de 12 feuillets liminaires et 78 pages, plus un feuillet non chiffré pour le privilége.

Voici maintenant une chanson *inédite* sur la mort du duc d'Aumale : nous en devons la communication à l'obligeance de M. Pottier de Lalaine, le directeur du *Bibliographe musical*.

LA COMPLAINTE DE MADAME D'AUMALLE SUR LA MORT DU SIEUR D'AUMALLE SON MARY

Sur le chant *La Parque est si terrible*

O Dieu, quelle nouvelle !
O Dieu, quelle douleur !
La nouvelle mortelle
Me transperce le cœur.
J'ay perdu mon espoulx.
O vray Dieu, quel courroulx !

O maudite Rochelle,
Tant tu me faictz de tort !
Mon cher espoux fidelle,
A este mis à mort
Par les traistres mutins,
Qui t'ont entre leurs mains.

Plorez, nobles Princesses,
Mon extreme douleur ;
Plorez, plorez, duchesses,
Et vous, dames d'honneur,
Plorez avecques moy
Mon grand et triste esmoy.

Helas ! noble roy Charles.
N'avez vous point regret
D'avoir perdu d'Aumalle,

Chevalier tant discret,
Qui fut jusque au mourir,
Prest à vous obeyr ?

Il servit vostre pere
Henry dit de Valoys,
En apres vostre frere
Le noble roy Francois,
Puis vous, prince royal
N'estoit il pas loyal ?

Quant aux ruses de guerre
Il estoit fort adroit,
Fut sur mer ou sur terre,
Ou en quelque aultre endroit.
Usant du conseil sien,
Le tout venoit à bien.

Il estoit equitable
A son prince et seigneur,
Sans estre variable,
Plein d'ung fidelle cœur,
Il n'avoit aultre esbatz
Qu'assister aux combatz

A Rouan, noble ville,
Se monstra vertueux,
Et fit depuis Blinville
Pres la ville de Dreux,
Courir tous les meschans
Jusques à Orleans.

Voyant le duc de Guyse
Son frere mys a mort,
Par trahison commise,
D'ung traistre à grand tort,
A combattre il fut prest
Encor plus que jamais

D'une volonté bonne,
Auprès de Chasteau-Neuf*.
Il frappe [et] il assomme
Les meschans, plein d'horreur.
Et puis à Moncontour
Leur joua d'ung fin tour.

Lors d'une amour fidelle,
Faisant service au Roy,
S'en va à La Rochelle,
Où par piteux arroy
Fut en parlementant
Mys à mort meschamment.

O Dieu, quelle tristesse !
O Dieu, quelle douleur !
O vierge de liesse,
Donne joye à mon cœur !
Ton cher filz Jesus Christ
Console mon esprit !

Vers 231. — La *Complainte au Peuple françois*, 1560 (*Mém. de Condé*, t Ier, p. 404), dit la même chose : « Peuple francois, l'heure est maintenant venue qu'il faut monstrer quelle foy et loyauté nous avons à nostre bon Roy (François II)... Voici les estrangers à nos portes qu'ils ont fait venir aux despens du Roy pour estre ministres et instrumens de leur meschante entreprise. Ils cognoissent la fidélité que nous avons à nostre Prince : ils cognoissent que leurs conseils ont este empeschez par la nation françoise. Ils cognoissent que nous voulons deffendre et maintenir la cou-

* Mss. *Auprès de Chasteau-neufz*. Il s'agit ici de la bataille de Jarnac (13 mars 1569).

ronne de France entre les mains de notre bon Roy et maistre, auquel elle appartient. A ceste cause font ils descendre huict mille Italiens, pour mettre le povre peuple françoys en proye et en pillage...»

Vers 236. — On lit dans la *Complainte au Peuple françois*, déjà citée : « Le temps est-il venu que les estrangers ravissent d'entre nos bras nos pauvres enfans et males et femelles pour en abuser en toute vilanie et ordure ?.. » (*Mém. de Condé*, t. Ier, p. 405.)

Vers 241. — Ceci est encore dans la *Complainte* : «Les ennemis du Roy chassent la noblesse en la mer pour estre viande des poissons. Ils suscitent les Anglois à faire nouvelle guerre, non pas contre le Roy, comme la Royne d'Angleterre l'a protesté par son escrit imprimé et divulgué, mais seulement à l'encontre de leur ambitieuse tyrannie. » (*Mém. de Condé*, t. Ier, p. 404.)

La proclamation de la reine d'Angleterre figure éga lement dans les *Mém. de Condé*, t. Ier, p. 529-532 : elle est datée de Westminster, 24 mars 1559, ancien style (nouv. style, 1560).

Vers 246. — Sur ces impôts et tailles, dont le peuple était surchargé, voyez les Pamphlets suivants, tous de 1560 : *Brieve exposition des lettres du cardinal de Lorraine envoyées au nom du Roy aux cours de Parlement; Complainte, etc.; Les Estats de France opprimés par la tyrannie de Guise*. (*Mém. de Condé*, t. Ier, p. 357, 404 et 408)

Vers 254. — « Ils (les Lorrains) possedent le Roy très chrétien, pour l'empescher d'entendre les advertissemens qu'on luy pourroit faire. Ils amassent toutes les finances de France, pour en payer les estrangers qu'ils ont à louage et laissent toute la gendarmerie et infanterie françoise sans payer : et néantmoins sont si impudens que de nous vouloir faire entendre qu'ils font venir les estrangers pour la garde du Roy. » (*Complainte*, etc. *Ibid.*, t. Ier, p. 404.) Voyez encore les mêmes *Mém. de Condé*, t. Ier, p. 408-409.

Vers 259. — « Ha ! pauvre nation françoise, est-ce là l'estime que l'on faict de ta fidélité? est-ce là la reputation que tu as acquise et maintenue par si long temps à l'endroict de toutes les nations estrangeres, d'estre si loyalle à ton Prince, qu'il faille maintenant envoyer aux pais estrangers pour faire venir gens à la deffence et protection de ton Roy? Et qu'est-ce qu'un Roy, s'il n'a des subjects qui le gardent et defendent? ou qui sont les subjects, s'ils ne gardent leur Roy? » (*Complainte*, etc. *Ibid.*, t. Ier, p. 404.)

Vers 264. — Allusion à la répression de la conspiration d'Amboise.

Vers 266. — Voyez la note sur le vers 236.

Vers 272. — Le Laboureur, dans ses savantes *Additions aux Mém. de Castelnau*, a cité ces vers (t. Ier, p. 351-352) en les accompagnant de ce préambule : « Un de leurs auteurs se glorifia de ce nom (le nom de huguenot) en quelques vers et dit qu'à bon droit les avoit on nommez tels, puisqu'ils défendoient la postérité de Hugues Capet contre les

Lorrains se pretendans issus de Charlemagne... » Voyez encore la pièce de 1560 : *Advertissement au Peuple de France* (*Mém. de Condé*, t. Ier, p. 402.)

Vers 276. — Sur ces prétentions des Lorrains à se dire descendants de Charlemagne. voyez les *Mém. de Condé*, t Ier, p. 356, 405, 407 et 502.

Vers 279-289. — Tout ceci est à rapprocher de ce passage de la *Complainte*, etc. «... Où est ceste sapience tant renommee des estats et Parlemens de France qu'ils ne considèrent la justice de ceste cause? Le grand scavoir de tant de Presidens et conseillers est il mort, qui semblent ignorer une chose que les enfans apprennent en l'escole : que celuy qui querelle, ou que l'on doibt tenir pour suspect vouloir quereller aucun droict sur le bien d'un pupille ou adolescent, n'en peut estre legitime administrateur, attendu l'ouverture qu'on lui feroit d'occuper la possession. Davantage que celuy qui s'est ingéré ou seulement a affecté et aspiré à une tutelle ou curatelle en doit estre debouté comme suspect. » (*Mém. de Condé*, t. Ier, p. 405.)

Vers 311. — Cette épithète cynique a été souvent employée par les protestants, qui accusaient le cardinal des plus honteux désordres. Voyez à ce sujet les *Mém. de Condé*, t. Ier, p. 504 et 516. On connaît ce vers des *Tragiques* de d'Aubigné sur le Guisard (Edit. Lalanne, 1857, in-16, p. 62) :

> Adultere, paillard, bougre et incestueux.
> (Liv Ier. *Miseres*.)

Vers 318. — Il s'agit ici de Gaspard de Heu, sieur de Buy, pendu au château de Vincennes le 4 sept. 1558. Il était le beau-frère de La Renaudie, le chef de la conspiration d'Amboise. Voyez sur lui les *Mém. de Condé*, t. Ier, p. 333-334; Pierre de la Place : *Comment. de l'estat de la Religion et Republique, sous les roys Henry et François seconds et Charles neufviesme*, édit. du Panth. Littér., liv. Ier, p. 41, 45-46; Regnier de la Planche : *Hist. de l'Estat de France, tant de la Rép. que de la Rel. sous le règne de François II* (même édit., p. 316, 318, à la suite de La Place); De Thou, liv. XXV, année 1560, t. III, p. 515; Moreri, Lettre H, t. V, p. 658-659; Maimbourg, *Hist. du calvinisme*, 1682, 2 vol. in-12, t. II, p. 170-175.

Voici, au surplus, le procès-verbal de l'exécution de ce malheureux; bien que la pièce soit longue, nous croyons devoir la reproduire dans nos notes, car elle est fort curieuse, et de plus *inédite*.

« *Procès verbal de l'exécution à mort de Caspar de Heu, Sr de Buy.*

« Ce jourd'huy premier jour de septembre 1558, nous lieutenant soubz signé, avons reçu par les mains de Monseigneur le reverendissime Cardinal de Sens, garde des seaux de France, certain arrest et jugement de mort donné contre Caspard de Heu, sr de Buy, prisonnier au chasteau du boys de Vincennes, ensemble certaines lettres de commission du Roy attachees audit arrest, soubz le contre-seel de la chancellerie par lesquelles nous estoit mandé mettre icelluy arrest à exécution, qui selon sa forme et teneur ensuyt, le dit arrest signé HENRY, et au dessous DE L'AUBESPINE, et ladite commission aussi signée *Par le Roy*, DE L'AUBESPINE, et seellee du grand seel. Au moyen de quoy, pour satisfaire au contenu de ladite commission, le iiij[e] jour du dit moys, accompagnez de Thomas Guay, prins pour greffier en ceste partie, et de Ian Corneille, sergent royal en ladite prevosté, nous sommes transportez audit chasteau du boys de Vincennes, où estans arrivez avec et en la compagnee de noble homme Me Michel Viallard, conseiller du Roy, et lieutenant civil en ladite prevosté de Paris, a esté par ledit Sr Viallard et nous fait entendre au cappitaine du chasteau, nommé de Belloy, les choses qui nous menoyent : à ce qu'il eust à faire retirer ses gens et nous ayder à exécuter secretement ladite commission, suyvant le vouloir du Roy, et, affin qu'il n'en pretende cause d'ignorance, luy avons commandé de faire ouverture de certains lieux et endroits dudit chasteau, affin d'adviser lieu propre et commode pour l'exécution dudit jugement de mort, et après en avoir advisé par l'executeur de la haulte justice, auquel avions commandé se trouver là, nous serions allez et transportez en une chambre basse où estoit ledit Viallard, affin d'assister avec luy à la torture qu'il debvoit bailler, avant l'exécution de mort audit de Heu, où avons esté jusques environ les quatre heures du soir qu'estant ladite question baillée, se seroit ledit Viallard retiré et party dudit chasteau, et serions nous et nostre greffier demeurez seuls, en ladite chambre basse, avec ledit de Heu, auquel nous aurions dit qu'il estoit besoin qu'il veint avec nous jusques en une autre chambre prochaine de là. Sur quoy il nous auroit demandé pourquoy, faisant reffuz d'y venir. Luy aurions respondu que luy ferions entendre, si tost qu'il seroit en l'autre chambre, finallement l'aurions doucement et par moyens fait sortir de ladite chambre, et allans au lieu où entendions le mener, se seroit plusieurs foys arresté, demandant si le voullions faire mourir, nous regardant souvent à la face : auquel aurions respondu qu'estants au lieu où le menions, luy ferions entendre la volonté du Roy et le jugement contre luy donné. Finallement aurions tant fait que l'aurions fait monter en un grenier dudit chasteau, où luy aurions prononcé le dit arrest et jugement de mort contre luy donné. Et pour executer le contenu en icelluy, l'aurions delivré ès mains de l'exécuteur de la justice : quoy voyant, ledit de Heu nous auroit dit, en ces termes : Comment! le Roy me veut donc faire mourir! Et après avoir demeuré quelque peu pensif se seroit approché de nous, nous demandant s'il y auroit point moyen d'avoir sa grâce. Auquel aurions respondu qu'il avoit entendu le contenu de sondit arrest, lequel avions charge de faire exécuter. Nous auroit demandé où estoit ledit Viallard, lui aurions respondu qu'il s'en estoit allé à Paris; nous auroit dit qu'il avoit plusieurs choses à dire au Roy qui estoyent de conséquence et qui luy importoient grandement. Luy aurions remonstré que s'il nous les voulloit dire. nous en advertirions Sa Majesté, l'admonestant de ce faire, et par adventure quand aurions entendu que c'est, nous pourrions differer ladite exécution, pensant par ce moyen l'induyre à nous declarer quelque chose; toutesfoys ne nous auroit rien voulu dire, et auroit demandé un prestre, disant qu'il se voulloit confesser, parquoy en aurions mandé un. Ce pendant nous auroit requis le laisser parler audit cappitaine, ce qu'aurions accordé, esperant qu'il luy descouvriroit et confesseroit plus tost quelque chose que non pas à nous, dont ledit cappitaine comme bon et fidelle serviteur du Roy pourroit advertir puys apres ledit seigneur. Or nous incontinant apres aurions demande audit cappitaine quels propos lui auroit tenuz le dit de Heu : nous auroit dit qu'il ne luy auroit parlé que de sa femme. Sur cela seroit arrivé le Prestre qu'avions envoyé querir. Et aussitost ledit de Heu nous auroit dit qu'il nous déclaroit en la presence de luy et dudit cappitaine, que toutes les choses qu'il avoit ce jourd'hui dittes audit Viallard, estoyent faulses et inventees, et que ce qu'il en avoit dit estoit pour la tremeur et crainte qu'il avoit de ladite question, nous reiterant ces propos par deux ou troys foys, disant davantage qu'il n'y avoit rien de verité, sinon ce qu'il avoit dit et confessé audit Viallard par ses premiers interrogatoires : luy aurions remonstré que s'il n'en estoit rien, qu'il ne le debvoit dire pour offenser sa conscience; nous auroit respondu qu'il eust dit lors tout ce que l'on eust voulu, pour la crainte de ladite question. Luy aurions remonstré qu'il n'estoit vraysemblable qu'il eust si promptement inventé tout ce qu'il avoit ce jourd'huy dit. Auroit soutenu que si, qu'il l'avoit inventé et n'en estoit rien. Ce fait, se seroit mis à genoux où apres avoir fait en françois son oraison tout haut, ledit Prestre l'auroit admonesté de sa conscience et salut et fait plusieurs remonstrances touchant la religion, entre autres choses qu'il ne suffisoit de mourir avecques Jesus Christ, mais qu'il falloit aussi mourir avec nostre mere saincte Eglise. Sur quoy en fin, et après quelques propos, auroit ledit de Heu respondu qu'il vouloit mourir avecques Jesus Christ et l'Eglise, mais non pas comme les Papistes. Et sur ce, aurions demandé s'il se vouloit point confesser et prendre l'absolution dudit prestre, auroit dit que non. Parquoy voyant qu'il ne vouloit dire autre chose et qu'il ne tendoit qu'a nous tenir en longueur, aurions commandé audit exécuteur le mener en un autre grenier prochain et attenant de celluy où nous estions. Où estant l'auroit ledit exécuteur fait monter en une eschelle qui estoit posee contre le surfeste de la couverture dudit grenier, et estant là, ayant la corde au col, nous auroit dit en ces termes : Le Roy me fait mourir, mais il s'en repentira devant qu'il soit troys sepmaines, et il le cognoistra et alors il sçaura bien au vray qui sont ceux qui ont escrit, fabriqué et composé la lettre envoyée aux Princes electeurs de l'Empire. Luy aurions remonstré qu'il nous le diroit bien de ceste heure s'il vouloit, l'admonestant de ce faire : nous auroit dit qu'il n'en diroit autre chose puisqu'il alloit mourir, mais que l'on le sçauroit assez avant qu'il fust troys semaines, réitérant que le Roy s'en repentiroit et cognoistroit la faulte qu'il faisoit de le faire mourir, et qu'il luy eust bien peu encores faire service. Et sur ce, après avoir dit en françois le symbole des apostres, l'auroit le dit exécuteur jetté et estranglé, où il seroit demouré pendu environ une heure. Ce pendant aurions fait faire une fosse dans les fossez du donjon dudit chasteau, soubz les arches du pont de la poterne, comme nous semblant lieu le plus caché et secret d'alentour dudit chasteau, d'autant que l'on ne va souvent ny aysement esdits fossez, et que les herbes y sont communément grandes, auquel lieu nous avons fait mettre et poser le corps dudit de Heu, suyvant que par ladite commission nous estoit mandé faire. Ce fait aurions fait secrètement retirer ledit exécuteur de la justice et deffendu à luy et à son varlet de dire ny reveler aucune chose de ladite exécution. Pareillement avons deffendu audit de Belloy, capittaine dudit chasteau, sur la fidelité qu'il doit au Roy, d'en rien déclarer, et enchargé faire pareilles deffenses au portier, ses mortes payes et serviteurs qui en pourroyent avoir entendu quelque chose, et faire en sorte que ladite execution fust tenue secrette suyvant le vouloir du Roy, ce qu'il auroit promis de faire. Et à l'instant serions montez à cheval et retournez à Paris, où serions arrivez environ les neuf ou dix heures de nuict, et tout ce certifions estre vray et par nous avoir esté ainsi fait l'an et jour que dessus. » (Mss. 22562, 1re partie, p. 110-113.)

Vers 329. — C'est-à-dire, en les faisant mourir sans jugement ni forme de procès

Vers 330. — Voyez sur la conjuration d'Amboise (15-17 mars 1560) les ouvrages ci-après : *L'hist. du tumulte d'Amboyse, advenu au moys de mars MDLX ensemble un avertissement et une complainte au peuple françois.* Esa. 8, cap. 12 : Ne dites point conspiration toutesfois et quantes que ce peuple dit conspiration. 1560. In-8 de 28 p., plus un feuillet non chiff. sous la signature A-Dij (il y a d'autres édit. de ce livret réimprimé, du reste, dans les *Mém. de Condé*, in-4, t. Ier, p. 320-330); La Place. *Comment. de l'estat de la rel* , etc..., édit. du Panth litt., liv. II, p. 32-35;

Regnier de la Planche, *Hist. de l'estat de France sous le règne de François II,* édit. du Panth., p. 237-240, 245-266 (c'est l'ouvrage capital sur le règne de ce prince); La Popeliniere, *Histoire de France*, etc..., 1581, 2 vol. in fol., t. Ier, liv. VI, feuillet 162-169; Castelnau, *Mém.,* édit. de 1731. in-fol., t. Ier, liv. Ier, chap. VII, VIII et IX, p. 13-19, et 383-386 (*Additions* de Le Laboureur); De Thou, *Hist. Univ.*, 1734, t. III, p. 467-497, liv. XXIV; Jean de Serres, *Hist. des choses mémorables*, etc..., 1599, in-8, p 77-80, 81-88; Estienne Pasquier, *Œuvres,* Amsterdam, 1723, 2 vol. in-fol. t. II, col. 78-80 (Lettre IV du livre IV); D'Aubigné, *Hist. Univ.*, édit. de 1626, 3 vol. in-fol., t. Ier, col. 124-129 (liv. II, ch. 17); Henri Martin, *Hist. de France*, 4e édit., Paris, Furne, 1855-1860, t. IX, p. 33-41; Théophile Lavallée, *Hist. des Français*, 1863, 4 vol. in-12. t. II, p. 406-409; et René de Bouillé, *Hist. des ducs de Guise*, Paris, Amyot, 1849-1850, 4 vol. in-8, t. II, p. 34-41, 42-52.

ÉDOUARD TRICOTEL.

NOTES

ET

OBSERVATIONS

HISTORIQUES

LITTÉRAIRES ET BIBLIOGRAPHIQUES

NOTES

HISTORIQUES, LITTÉRAIRES

ET BIBLIOGRAPHIQUES

P. 1, note 1. — *Le quatrain anti-guisard.*

A tort ou à raison, on a cru, paraît-il, que c'était Charles IX qui avait ainsi mis en quatre vers la prédiction de son aïeul Dans la *Satyre Ménippée*, M. d'Aubray, s'adressant aux Lorrains, leur dit : « Quand vous vistes le roy « Charles décédé, qui autrement ne vous aimoit « pas beaucoup et qui avoit plusieurs fois répété « le dire du grand roy François, dont luy-mesme « avoit faict ce quatrain, maintenant tout vul- « gaire :

« Le Roy François ne faillit point,
« Quand il prédit que ceux de Guyse
« Mettroient ses enfants en pourpoinct,
« Et tous ses subjects en chemise. »

On voit qu'il y a ici de légères variantes.
Les Mémoires *dits* de Condé, dont le premier

volume parut en 1565, mirent en grand relief, page 31, le quatrain, tel que nous l'avons cité. Il se trouve encore reproduit de même par Michel Hurault de l'Hospital, sieur du Fay, dans le premier des célèbres « Discours sur l'Estat de la France, » où il est donné comme étant, « depuis « plus de trente ans, le cri d'une partie de la na- « tion contre la Maison de Guise, voire avant « qu'il nasquit aucun soupçon de rébellion dans « l'esprit des François. »

P. 2, l 6. — *Le Passé et les Guises.* — *L'Avenir*

Chateaubriand a marqué, dans la Préface de ses *Etudes historiques*, le caractère funeste de cette époque.

« Le règne des seconds Valois, dit-il, c'est le temps de la terreur aristocratique et religieuse, de laquelle est née la *monarchie absolue* des Bourbons, comme le despotisme militaire de Bonaparte est sorti du règne de la Terreur populaire et politique. »

« Le *passé*, dit-il encore, qui mit les Guises à sa tête, arrêta l'*avenir*. »

C'est bien là, en effet, le principe du mal séculaire dont notre pays a subi et subit toujours les misérables conséquences. La *réforme*, avortée sous les Valois, sera, sous les Bourbons, une *révolution* .. . qui dure encore.

Comment en serait-il autrement dans un pays où

1° en 1829, l'abbé de La Mennais (qui depuis ..) vantait « l'époque trop peu connue de la Ligue, *l'une des plus belles* de notre histoire », et assurait qu'elle « avait replacé la monarchie sur ses bases »; (*Progrès de la révolution*, etc.)

2° en 1841. le 1er février, dans la chaire de Notre-Dame, l'abbé Lacordaire osait prôner (nous l'avons entendu de nos oreilles, et cela est imprimé) « cette *sainte* et *glorieuse* Ligue, dont on peut dire beaucoup de mal, mais dont on comprendra la *grandeur* chaque jour davantage; car quand on sauve la nationalité d'un peuple, quand on lui conserve sa foi, TOUTES LES FAUTES SE PERDENT DANS LA GLOIRE ».

La Ligue proclamee sainte et glorieuse! La Ligue présentée comme une des plus belles pages de nos annales! La Ligue, qui nous a valu le « sault périlleux » du 25 juillet 1593....

Dérision ou démence? ou les deux à la fois (1)?

---

(1) Il faut qu'on lise ici quelques lignes bien remarquables d'un ecrivain contemporain, qui ne nous sont pas sorties de la mémoire depuis que nous les avons rencontrees, il y a vingt ans, dans la *Revue de Paris* (juillet 1855)

» *L'Abjuration de Henri IV* est une scene qui, pour porter avec elle son enseignement, devrait être divisee en deux par-

« Souvent je me suis esmerveillé de la stupidité de plusieurs François, qui font profession d'avoir de l'esprit à revendre, et cependant font sem-

---

ties dans la première on verrait Henri IV mettant en action son mot Paris vaut bien une messe; dans la seconde, on verrait le roi Louis XVI gravissant les degrés de l'échafaud. En effet, en renonçant a la foi protestante, Henri IV a créé dans le sein même de la France deux rivalites, dont la lutte incessante n'est pas près de finir. » Et l auteur, qui n'est pas — notons-le — un protestant, explique ainsi sa pensee . « Egalitaire par tous ses sentiments propres, d'une part; de l'autre, subissant la tyrannie d un dogme autoritaire jusqu'a l'infaillibilité, la France, tiraillée perpetuellement entre ses besoins d'indépendance et les traditions absolutistes de sa religion, va de soubresaut en soubresaut, sans pouvoir trouver la forme définitive de son choix Sans l'abjuration de 1593, la France échappait sans doute aux dures epreuves qu'il lui a fallu traverser. Le roi vainqueur sans condition, le protestantisme régnait avec lui, le droit de libre examen se repandait bientôt de l'Eglise dans l'Etat; le developpement normal et suc cessif de la liberte humaine s'accomplissait sans violences et sans secousses, — derivation forcée du principe intronisé par l'avénement d'un prince protestant, — la France etait soustraite à l'influence de Rome; la religion et la monarchie, etroitement unies, restaient nationales et s'inféodaient au peuple lui-même, réalisant dès lors cette grande unite française dont on parle, que l'on vante, mais qui n'est point accomplie

« Au moment où se préparait cette grande destinée pour cette maison de Bourbon qui devait être le salut et la gloire de la France, son chef, ebloui par les clartes de la terre, fut frappé d aveuglement! Henri IV abjura, pour la seconde fois de sa vie, entre les mains de l'archevêque de Bourges, dans l'église de Saint-Denis[1]

« Mais je vous dis qu'on entendit à cette heure, vibrant à l'unisson des notes rauques du plain-chant et de la psalmodie des diacres, le roulement implacable et lointain des tambours de Santerre et qu'au moment même deux dates furent inscrites sur le grand livre des responsabilites humaines la date de ce

blant de croire que nous n'avons bien quelconque, sinon de ceux desquels la plupart de nos maux découlent. Si les affections particulières

---

jour qui fut le 25 juillet 1593, et la date de cet autre jour qui fut le 21 janvier 1793... »

Qu'on ne vienne pas alleguer que, sauf quelques gens de cœur, comme Du Plessis-Mornay et d'Aubigné, les conseillers huguenots du Béarnais auraient admis comme nécessaire ce fameux « saut perilleux » — plus perilleux en effet qu'on ne le voulut voir. Qu'on ne nous objecte pas que tous les historiens (y compris M. Guizot[1]) ont fait aussi, sur ce point, le saut des moutons de Panurge. La ferme opinion, que Henri IV aurait *pu* et aurait *dû* ne point abjurer, a été, au moment même, celle de plus d'un catholique, et ce n'est pas pour les besoins de la cause que le véridique Pierre de l'Estoile a consigné les notes que voici dans son Journal secret (Bibl. Nat. Mss. 10,299, p 528) :

« Un conseiller du Grand Conseil, tres-grand catholique, ayant entendu la conversion du roi et comme il estoit retourné à la messe, encores qu'il eust toujours suivi et tenu le parti de Sa Majesté, dit neantmoins à celui qui le lui contoit, comme estant fasché et indigné de ce que le Roy avoit fait : « Ah ! « monsieur mon ami, le Roy est perdu . il est tuable à ceste « heure, là où auparavant il ne l'estoit pas ! »

« Ung evesque, qui avoit semblablement toujours tenu le parti du Roy, dit à un mien ami sur ceste conversion : « Je « suis catholique de vie et de profession et très-fidèle sujet et « serviteur du Roy . vivrai et mourrai tel. Mais j'eusse trouvé « bien aussi bon, et meilleur, que le Roy fust demeuré en sa « religion que la changer comme il a fait. Car, en matière de « conscience, il y a un Dieu là-haut qui nous juge : le respect « duquel seul doit forcer les consciences des rois, non le res- « pect des roiaumes et couronnes, et les forces des hommes. Je « n'en attends que malheur ! »

Ces paroles d'un magistrat et d'un prélat sont graves. leur témoignage mérite apparemment d'être médité par la postérité et par messieurs les historiens. S'ils ont été convaincus que leur roi, en abjurant, s'était rendu vulnérable et avait attiré le malheur sur sa tête, il est permis de croire que la France avait

n'avoient corrompu la vue de leurs entendemens, je m'assure qu'ils seroient d'autre avis. »

Que vous semble de cette pensée? C'est le début de la fameuse « Legende du cardinal de Lorraine. » N'est-il pas toujours de saison (1)?

P. 2, l. 12. — *Les frères Lorrains.*

En parlant des deux frères (le duc François de Guise et le cardinal Charles), le savant annota-

---

été, du même coup, blessée au cœur, et qu'encore une fois, suivant la pensee de Chateaubriand, le *passé* avait arrêté l'*avenir*. Le poignard de Ravaillac, au nom de l'ancienne societe, intronisera la régence italienne, et Louis XIII parfera l'œuvre en vouant son royaume au pharisaïsme.

(Voir ce que nous avions publie nous-même sur ce sujet, en 1854, dans notre memoire sur *Henri IV et Daniel Chamier*, et les appréciations dont il avait ete l'objet, notamment de la part de Prevost-Paradol, dans la *Revue des Deux Mondes* du 15 janv. 1855.)

(1) Rapprochons de ce qu'on vient de lire ces passages de Bossuet :

« La Ligue ne fut une affaire de religion que pour le peuple abusé; pour les Guises, ses chefs ambitieux, elle fut une odieuse révolte colorée, du beau nom de la religion qui leur était très-indifferente : *religionis absente studio.* »

« Plus Espagnols et plus Lorrains que Francais, plus heretiques que les heretiques eux-mêmes, les meilleurs Francais et les meilleurs Catholiques furent reduits a se féliciter hautement de la resistance opposee à la cour de Rome par Henri IV, le plus clément et le plus brave des enfants de Hugues Capet et de saint Louis *clementissimus et fortissimus* » (Defense de la Declar du clerge gallican, chap 28)

teur des Mémoires de Michel de Castelnau (Paris, 1659, 2 vol. in-fol.), Le Laboureur, qui leur est pourtant favorable, s'exprime ainsi :

« La Maison de Guise en peu de temps s'éleva en telle autorité, qu'elle pensa ruiner celle de Bourbon et toutes les plus illustres du royaume qui se voulurent opposer à sa grandeur...

« Le cardinal de Lorraine tira de grands avantages, pour lui et pour sa Maison, de la perte de la bataille de Saint-Quentin et de la prison du Connétable : il gouverna seul l'esprit du Roi, et son frère eut le commandement des armées...

« Les hérétiques les accusèrent principalement de la mauvaise administration des finances du royaume, *qu'ils avaient à leur disposition*.

« Le cardinal se laissa insensiblement posséder à la passion des emplois de Cour et des grandeurs du siecle, passion qui l'emporta si loin qu'il commit l'Etat et la Religion pour sa querelle : on peut dire que ce fut lui qui fit trouver des chefs au parti Huguenot, par la trop grande autorité qu'il prit à la Cour et par le mécontentement qu'il donna au prince de Condé, a la Maison de Coligny et à plusieurs autres, qui n'eurent pas tant de moderation que le connétable et ses enfants, lesquels persévérèrent dans la religion de leurs pères...

« C'est faire tort au duc de Guise de le soupçonner d'avoir pris part dans ce que son frère n'entreprit de violent que par la nécessité naturelle de le maintenir dans les périls où il exposait toute sa Maison. Ce fut contre son avis qu'il poursuivit avec trop de vigueur et de ressentiment les coupables et les suspects de l'affaire d'Amboise, qu'il y voulut comprendre le prince de Condé, et qu'il fit ensuite arrêter prisonnier pour le faire périr... »

La condamnation de la maison de Lorraine est dans ces sages paroles d'un libelle du temps : « Je ne veux pas nier que si ceux de Guise se fussent tenus en leur rang, ils pouvoient faire service à la Couronne de France : mais, de serviteurs voulans devenir maistres, ils ont gasté tout et ruiné eux et les autres. »

P. 2, l. 14. — *La conjuration d'Amboise.*

« Le but avoué de la conspiration, a fort bien dit Geruzez, était la délivrance du roi et la capture des Guises. Après ce coup de main, on aurait instruit le procès des Lorrains et convoqué les Etats-Généraux. Le roi et la nation, reprenant leur indépendance, se seraient concertés pour mettre fin aux troubles de la religion. »

La *Complainte au Peuple français* (1560), en forme de remarquable proclamation, débute ainsi : « Peuple François, l'heure est maintenant venue qu'il faut montrer quelle foy et loyauté nous avons à nostre bon Roy. L'entreprise est découverte, la conspiration est cognue : les machinations de la maison de Guise sont révélées. Voici les étrangers à nos portes, qu'ils ont fait venir pour estre ministres et instrumens de leur meschante entreprise... Ils cognoissent que nous voulons deffendre et maintenir la Couronne de France entre les mains de nostre bon Roy et maistre, auquel elle appartient... »

On comprend que beaucoup, qui n'avaient pas été de la conjuration, aient plus tard dit tout haut, comme le rapporte Brantôme, « que l'entreprise estoit bonne et saincte ». (*Œuvres compl.*, Paris, 1868, in-8, t. IV, p. 364.)

Si elle avait réussi, la France, légalement délivrée des usurpateurs Lorrains, pouvait être préservée des trente années de convulsions et de guerre civile, et marcher dans une autre voie que celle de la monarchie absolue et de la révolution permanente.

Les Guises usèrent et abusèrent de leur victoire. Après avoir noyé les vaincus dans leur sang, ils travaillèrent à les perdre à tout jamais dans l'esprit du Roi en les représentant comme ennemis, non d'eux-mêmes, mais de la royauté et de la noblesse, et comme visant à l'abolition de l'autorité monarchique pour, à l'exemple des

Suisses, « vivre en commun », c'est-à-dire fonder une république. Se voyant ainsi traités de brigands et de pillards, décimés par les supplices, menacés par les édits, traqués partout, les huguenots répandirent partout, dit M. Dareste, d'après l'historien Regnier de la Planche, que le projet bien arrêté des Guises etait de *réduire la France à la façon de vivre du Turc*, et que, pour arriver à ce but, ils étaient résolus « de rendre toutes choses tellement confuses, qu'on en vinst au pis aller, à une sédition populaire en laquelle ils s'asseuroient de faire mourir tant de gens que le champ leur demeureroit asseuré ».

C'était pressentir l'expédient du 24 août 1572, et qui sait si la mort de François II n'a pas déconcerté des desseins, naissants ou déjà formés ?

Quant au pamphlet de la *France-Turquie*, il avait une portée sérieuse, puisque notre pays n'échappa au régime monarchique, tel que les huguenots le voulaient contre les Guises, que pour s'acheminer au despotisme, et il est à remarquer qu'un autre pamphlet de l'époque de Louis XIV a justement pour titre : *la Cour de France turbanisée* (1686). De quoi se plaignait-on alors ? Du fait accompli (1).

---

(1) Il est vrai qu'il ne manque pas de gens pour dire que cette pauvre France adore le *turban*, — comme la femme de Sganarelle aimait à être *battue*, comme Marianne voulait être

Notons encore que cette accusation, injuste alors et prématurée, des Guises, prétendant que les huguenots songeaient à établir une république, a dû contribuer à en faire bientôt surgir l'idée, qui a plus tard inquiété Henri IV, et qui a été développée ensuite, comme à plaisir, par les absurdes persécutions de son petit-fils... — Depuis l'époque des Lorrains, les huguenots n'ont certes pas été payés pour aimer la monarchie.

P. 2, note 1. — *L'Hôpital et la conjuration d'Amboise.*

Il importe de savoir ce que pensait de l'entreprise d'Amboise le chancelier de l'Hôpital. Voici ce qu'il a dit dans son testament, écrit, à l'âge de soixante-neuf ans, le 13 mars 1573 :

« En ces entrefaites, arriva un courrier en tres-grande diligence, de la part du Roy François, qui m'appela pour estre Chancelier, qui est le premier estat des gens de robbe longue, vacant par la mort de très-honorable Olivier. J'arrivay à la Cour, fort troublée et esmue d'un

---

tartuffiée, comme enfin M. Jourdain « voulait marier sa fille avec le fils du grand Turc » et être fait lui-même *mamamouchi !*

grand bruit de guerre, incontinent après le tumulte d'Amboise, *qui ne fut pas tant de soy dangereux, que pour le remuement des partiaux, qui bientost après s'ensuivit.* Alors j'eus affaire à des personnages non moins audacieux que puissants, voire qui aimoient mieux conduire les choses par violence que par conseil et raisons, dont pourroit donner tesmoignage la Roine-Mère : laquelle fut alors réduite en tel estat, qu'elle fut presque déboutée de toute l'administration du Royaume. A raison de quoy, se complaignant souvent à moy, je ne luy pouvois autre chose proposer devant les yeux que l'autorité de Sa Majesté. » (*Add.* aux *Mémoires de Castelnau,* t. I, p. 493.)

P. 4, l. 20. — *Les massacres d'Amboise*

« Cette scène funèbre sembla porter malheur à tous ceux qui en avaient été témoins : à François II, à Marie Stuart, au grand Guise, au chancelier Olivier, protestant dans le cœur, qui les avait condamnés et en mourut de remords.» (Michelet, *Précis de l'Hist. de Fr.* 1834.)

P. 7, l. 5. — *Oraison funèbre du cardinal de Lorraine.*

Le cardinal de Lorraine est incontestablement responsable au premier chef des maux sans nombre que l'ambition et la convoitise de sa maison commencèrent alors à faire pleuvoir sur la France. Lorsqu'il mourut à Avignon, le 26 décembre 1574, à l'âge de cinquante ans, voici l'oraison funèbre que lui fit Pierre de l'Estoile dans le secret de son registre-journal :

« Le jour de sa mort et la nuit ensuivante, s'esleva en Avignon, à Paris, et quasi par toute la France, un vent si grand et si impétueux, que de mémoire d'homme il n'avoit esté ouï ung tel fouldre et tempeste. Dont les catholiques lorrains disoient que la véhémence de cest orage portoit indice du courroux de Dieu sur la France, qui la privoit d'un si bon, si grand et si sage prélat. Les huguenots, au contraire, disoient que c'estoit le sabbath des diables, qui s'assembloient pour le venir quérir ; qu'il faisoit bon mourir ce jour-là, pour ce qu'ils estoient bien empeschés. Ses partizans maintenoient qu'il avoit fait une tant belle et chrétienne fin que rien plus. Les huguenots soustenoient, au contraire, que quand on lui pensoit parler de Dieu, durant sa maladie, il n'avoit en la bouche pour toute response que des vilanies, et mesme ce vilain mot de *foutre;* dont Monsieur de Reims, son nepveu, l'estant allé voir, et le voyant tenir tel langage, auroit dit en se riant, qu'il ne voioit rien en son oncle pour en désespérer, et qu'il avoit encores toutes ses paroles et actions naturelles. Or la vérité est que sa maladie estoit au cerveau, lequel il avoit tellement troublé qu'il ne sçavoit qu'il disoit, ne qu'il faisoit; en quoi il continua jusques à la fin, mourant en grand trouble et inquiétude d'esprit, invoquant mesme et appelant horriblement les diables sur ses derniers soupirs : chose espouvantable, et toutefois tesmoignée de tous ceux qui lui assistoient.....

« Pour en parler sans passion, c'estoit ung prélat que le cardinal de Lorraine, qui avoit d'aussi grandes parties et graces de Dieu que la France en ait jamais eu. Mais s'il en a bien usé ou abusé, le jugement en est à celui devant le throsne duquel il est comparu, comme nous comparoistrons tous. Le bon arbre, dit nostre Seigneur, se congnoist par le fruit. Ce fruit estoit (par les tesmoingnages mesme de ses gens) que, pour n'estre jamais trompé, il faloit croire tousjours tout le contraire de ce qu'il vous disoit.

« Ce jour, la Roine-Mère se mettant à table dit ces mots : *Nous aurons à ceste heure la paix, puisque M. le cardinal de Lorraine est mort, qui estoit celui (ce dist-on) qui l'empeschoit. Ce que je ne puis croire; car c'estoit un grand et sage prélat, et homme de bien, et auquel la France et nous tous perdons beaucoup.* Et en derrière disoit *que ce jour-là estoit mort le plus meschant homme des hommes.* Puis s'estant mise à disner, ayant demandé à boire, comme on lui eust baillé son verre, elle commença tellement à trembler qu'il lui cuida tumber des mains et s'escria : *Jésus! voila M. le cardinal que je voy!* Enfin, s'estant un peu rassise et rasseurée, elle dit tout haut : *C'est grand cas de l'appréhension! je suis bien trompée si je n'ay veu ce bonhomme passer devant moi pour aller en paradis, et me sembloit que je l'y voyois monter.* Les nuits aussi elle en avoit des appréhensions (au dire de ses femmes de chambre), et se plaignoit de ce que souvent elle le voyoit et ne le pouvoit oster et chasser de sa fantaisie, encore que dès qu'il fust mort, on ne parla non plus du cardinal de Lorraine, que s'il n'eust jamais esté; et en fist-on moins de bruit à la Cour (ce qui est digne de remarque) qu'on eust fait d'un simple protenotaire ou curé de village. » (*Journal de Henri III*, édit. de 1875, t. I, p. 40.)

---

(1) Chateaubriand a soin de citer ces lignes du chroniqueur, lorsqu'il mentionne la mort du cardinal, « finissant la première génération des Guise, » — et léguant à la France cette vraie fille maudite de ses œuvres qui s'est appelée *la Ligue.*

P. 7, note. — *La funeste ambition des Lorrains.*

Dans ses Additions aux Mémoires de Castelnau, Le Laboureur a consacré un chapitre aux *Libelles publiés contre la maison de Guise.* Il montre fort bien qu'il est tout naturel que « le soupcon d'ambition personnelle et de prétention à la Couronne soit tombé en la personne du duc de Guise, et qu'on ait cru que le Cardinal, son frère, ait aspiré au pontificat. » « On fit, dit-il, mille libelles pour les en convaincre, et on y joignit des prédictions de François Ier et de Henri II, qui se publièrent avec tant d'autorité parmi la France, que beaucoup de gens en furent persuadés, plusieurs des grands qui n'en croyaient rien feignant d'y ajouter foi, pour l'intérêt qu'ils avaient de s'opposer à leur puissance. Le parti huguenot, déclaré ouvertement contre eux, servit beaucoup à cela, parce que les meilleures plumes étaient de son côté..... Je ne veux pas tellement justifier le duc de Guise et le cardinal, son frère (poursuit l'auteur), que je n'avoue qu'ils n'aient bien mérité d'avoir des ennemis, et qu'on n'ait eu plus de raison de trouver à redire aux entreprises qu'ils faisaient, qu'ils n'en pouvaient avoir de pretendre si haut et de troubler l'ordre et les rangs à la Cour... »

« Pour moy (continue Le Laboureur), je croirais bien que le duc de Guise, qui avait le cœur et toutes les qualités nécessaires pour faire un grand roi, aurait pu penser à une couronne, mais plutôt à celle de Naples qu'à celle de France, et que pour la même raison le cardinal, son frère, aurait souhaité d'être pape. Ce peut bien être le sujet pour lequel ils obligèrent le roi Henri II, contre le sentiment du connétable et des autres grands, à rompre la trêve avec l'Espagne, sous prétexte de défendre l'Église romaine, et à jeter une armée en Italie sous la conduite du duc, qui passa au royaume de Naples, l'an 1557, et qui en fut rappelé après la bataille de Saint-Quentin. »

Suit le pasquil rapporté ci-dessus p. 90, l. 7; puis un « extrait d'une plus longue pièce faite contre la Maison de Guise, et adressée au cardinal de Lorraine. »

Cette pièce, que Le Laboureur ne nomme point (il n'ose peut-être, après avoir dit quelques lignes plus haut qu'il « aurait eu honte de lire ces libelles »), n'est autre que le *Tigre* (celui en vers, bien entendu, car il n'a pas dû connaître notre vrai *Tigre* en prose), et il en cite les vers 97 à 122 :

De vaine ambition dans ton âme allumée, etc.

—

P. 8, l. 2. — *Le cardinal de Lorraine, collectionneur de pamphlets.*

C'est le 24 août 1559 que le cardinal prit la parole, à l'assemblée de Fontainebleau, après le duc de Guise, et pour renforcer sa harangue en réplique à celle de l'amiral Coligny. A propos des « placards et libelles diffamatoires » que les mécontents « produisoient tous les jours contre le monde », il « dit qu'il en avoit sur sa table *vingt-deux*, faits contre luy, lesquels il gardoit très-soigneusement comme le plus grand honneur qu'il sauroit jamais recevoir, que d'estre blasmé par tels meschans : espérant que ce seroit le vray esloge de sa vie pour le rendre immortel. » (La Popelinière, éd. de 1582, in-8, t. I, p. 389.)

Le lendemain 25 août, conformément à toutes les comédies politiques du même genre, les chevaliers de l'Ordre, appelés à opiner l'un après l'autre, avaient conclu « à ce qu'avoit proposé le cardinal, » et, ce fait, le Roy et la Royne sa mère avoient remercié très-affectueusement un chacun de leur bon conseil, promettant de l'ensuivre et se conduire selon iceluy. » Mais, observe notre historien, le duc de Guise « se monstra tant passionné, » en cette occasion, et parla « de telle animosité, que plusieurs pensèrent que dès lors se forma la haine incroyable laquelle est toujours depuis augmentée entre luy et l'amiral, et qui a esté cause de grands maux.» (*Ibid.*, p. 386, 388.)

—

P. 13, l. 4. — *Le magistrat courtisan. — La grande lévrière.*

« Ce trait, dit Geruzez, peint toute l'époque. On voit que le pouvoir est aux mains d'un parti courtisan de la populace. Lorsque la foule demande des victimes et que les magistrats rendent des services et non plus des arrêts, la loi est violée et la société passe à l'état de guerre. Les gens de bien n'ont plus à prendre conseil que de leur conscience et de leur courage. »

C'est dans ce même temps que les Lorrains ont songé à faire de la « vile multitude » un *instrumentum regni*, et qu'ils ont inventé, pour se défaire de leurs adversaires, le procédé noblement défini par eux et caractérisé en ces termes : LÂCHER LA GRANDE LÉVRIÈRE (1). Le massacre de Vassy, premier exploit du duc François de Guise, est un premier pas dans cette *via scelerata*, où

(1) Sismondi, *Etudes sur les sciences sociales*, 1836, t I, p. 59.

l'on marchait vers la Saint-Barthélemy et la Ligue.

P. 16, note. — *Castelnau et Maimbourg.*

Les Mémoires de Michel de Castelnau, publiés en 1621 (in-4°), contiennent aussi cette mention, p. 81 : « Sur quoy l'on print un imprimeur qui avoit imprimé un petit livre intitulé *Le Tigre*, dont l'auteur présumé, et un marchand, furent pendus pour ceste cause. »

Le jésuite Maimbourg, dans son Histoire du Calvinisme, enregistre le supplice des malheureux Lhomme et Dehors, mais c'est pour n'y voir, bien entendu, qu'un bel exemple de zèle orthodoxe, qu'il propose pieusement à l'imitation du Grand Roi, appelé à foudroyer l'hérésie.

P. 32, l. 14. — *L'auteur du* TIGRE.

De Thou écrit dans son Histoire (liv. XXV) : « Libellus, sed *incerto nomine*, in Guisianos scriptus, cui ob id *Tigridi* titulus præfixus erat, quo eorum crudelitates summa acerbitate exagitabantur. »

On en était encore, il n'y a pas longtemps, à cet *incerto nomine*.

« On ignore le nom de l'auteur du *Tigre*, dit M. Dupont. Le célèbre jurisconsulte Baudoin, et Bayle après lui, l'attribue à François Hotman, professeur de droit ; mais cette inculpation est bien hasardée. » (*Hist. de l'Imprimerie*, Paris, 1854, t. I, p. 203.)

« Quel était l'auteur de l'*Epistre au Tigre?* On ne le saura jamais avec certitude, écrivait M. Dareste, mais Baudoin nomme Hotman, et quelque suspect que puisse être son témoignage, toutes les vraisemblances se réunissent pour nous le faire accepter. » (*Essai sur Fr. Hotman*, Paris, 1850, p. 45.)

Dès 1834, Charles Nodier avait discuté cette attribution, et, loin de la déclarer hasardée, il l'avait affirmée hautement. « La même incertitude, dit-il, existe encore sur l'auteur de l'ouvrage, qui a eu d'excellentes raisons pour ne pas se faire connaître. Bayle l'attribue à François Hotman, et, s'il l'avait vu, il aurait insisté sans doute avec une conviction mieux établie sur sa conjecture, car je ne crains pas de dire qu'il n'y avait peut-être que François Hotman alors qui fût capable de s'élever dans notre langue aux hauteurs de cette véhémente éloquence. Là se trouvent, et presque pour la première fois, quelques-unes de ces magnifiques tournures oratoires qu'un génie inventeur pouvait seul dérober d'avance au génie de Corneille, de Bossuet, de Mirabeau. » (*Bull. du Bibliophile*, 1834.)

Bayle citait, à l'appui de son opinion, un mot de Baudoin écrivant au sujet d'Hotman : *Tigrim peperit* (1). Si, d'une part, Baudoin était à même de savoir ce qu'il disait, d'autre part, c'était l'allégation d'un ennemi; c'était une sorte de dénonciation, contre laquelle on pouvait se tenir en garde, toute plausible qu'elle fût. Mais voilà qu'un savant professeur de Strasbourg, M. Ch. Schmidt découvre et produit, en 1850, deux textes prouvant d'une manière positive que le *Tigre* est bien d'Hotman et qu'en 1562 on savait généralement qu'il en était l'auteur.

C'est d'abord un petit écrit intitulé : *Religionis et Regis adversus exitiosas Calvini, Bezæ et Ottomani conjuratorum factiones Defensio prima, ad Senatum Populumque Parisiensem.* (Paris, Vincent Sertenas, 1562, in-8), où se rencontrent, fol. 17, ces lignes : « Hic te, Ottomane, excutere incipio. Scis enim ex cujus officina *Tigris* prodiit, liber certe tigride parente, id est homine barbaro, impuro, impio, ingrato, malevolo, maledico dignissimus. Tu te istius libelli auctorem, generis Francici propugnatorem, cæ-

(1) *Fr. Balduini Responsio altera ad J. Calvinum* (Paris, 1562, p. 128).

dis bonorum machinatore... audes venditare ? » On voit que le ton de ce petit écrit était approprié au goût de ceux à qui il s'adressait.

Plus explicite encore est le second texte, tiré d'une lettre, alors inédite, de Jean Sturm, recteur de la haute-école de Strasbourg, à Hotman, datée du mois de juin 1562. Hotman, irrité de l'échec d'Amboise et brouillé avec Sturm, avait accusé celui-ci, qui comme lui avait été dans le secret de la conjuration, d'avoir dénoncé au cardinal de Lorraine le projet des conjurés. Sturm écrit à Hotman une lettre où il se disculpe, récrimine vivement et, adressant à son ancien ami d'amers reproches : « Ex hoc genere *Tygris*, lui dit-il, immanis illa bellua quam tu hic contra cardinalis existimationem divulgari curasti, imprudente magistratu nostro, qua in audacia, quid te stultius aut impium magis? cum fratrem Joannem Hottomannum habeas apud cardinalem Lotharingæ quæstorem, tu *Tygrim* divulgare audes et fratrem tuum certissimo exitio objicere! » (*Bull. du Bibliophile.* 1850, p. 773.)

M. Dareste a publié depuis, en son entier, ce document qui faisait partie d'un recueil de lettres du temps, conservé à la Bibliothèque du Séminaire de Strasbourg (*Epistolæ autographæ*, t. III). Il a ainsi mis lui-même en lumière la solution définitive de la question qu'il s'était posée peu auparavant. (*Biblioth. de l'Ecole des Chartes*, 1854, p. 360.)

Dans leur grande Biographie de *la France protestante* (1855, t. V, p. 528, 532), MM. Haag n'ont pas hésité à reconnaître à Hotman la paternité du « libelle le plus violent et le plus éloquent qui ait paru chez nous au XVIe siècle. »

P. 32, l. 15. — *Lieu et date d'impression du* TIGRE.

« Le libelle a été certainement imprimé a Strasbourg ou à Basle (a dit Ch. Nodier, dans une note de 1834) et on ne sait dans laquelle de ces villes Jacques Estange, imprimeur à Basle en 1562, avait d'abord établi ses presses. Ce dont il est impossible de douter, c'est que l'*Epistre au Tigre* est sortie des presses de Jacques Estange; la conformité des caractères frapperait les yeux les moins exercés. C'est la forme large et évasée des capitales, l'E romain à la bouche oblique, au lieu d'être tirée horizontalement au compositeur, le Z romain aux barres flexueuses comme dans les italiques, le point d'interrogation capricieusement contourné, le type identique enfin de l'*Elégie de la jeune fille déplorant sa virginité perdue*, signée en 1557 par Jacques Estange, qui, selon la méthode de ce temps-là, ne fait pas mention de nom de lieu. »

Quant à Martin Lhomme, Ch. Nodier l'écarte, considérant qu'il ne fut pas pendu pour le fait d'impression du *Tigre*, et qu'il « n'était pas même imprimeur, » mais simplement libraire. On a vu ci-dessus, p. 17, que le titre, cité par nous, d'un volume de 1558, dit positivement qu'il était *imprimeur*.

C'est ce que démontra d'ailleurs M. Taillandier, en arguant des *Sonnets héroïques* sur le *mariage du duc de Lorraine et de Madame Claude, deuxième fille du roi Henri II*, portant la même rubrique, avec la date de 1559. (*Bull. du Bibliophile*, fév. 1842, p. 56.)

En ce qui concerne le *Tigre*, « après l'avoir examiné dans le cabinet de M. Brunet, » M. Taillandier demeura convaincu, « malgré l'opinion de Nodier, qu'il avait été imprimé à Paris. » « Les caractères sont, dit-il, des imprimeurs parisiens de ce temps; les réclames, au bas des pages, étaient alors aussi bien en usage à Paris qu'à l'étranger; le petit fleuron au milieu du titre, se voit, se retrouve en beaucoup de livres imprimés à cette époque, soit à Paris, soit à Lyon. Il est acquis que le pauvre Martin Lhomme était imprimeur (1), et il n'avait pas eu besoin de recou-

(1) L'arrêt du 15 juillet 1560 le qualifie, en effet, de maistre-

rir à son confrère Jacques Estauge, de Strasbourg ou de Basle... Si Fr. Hotman, ce qui n'est pas impossible, en était l'auteur, il a fort bien pu, étant alors à Strasbourg, envoyer le manuscrit à Paris, où je persiste à croire qu'il a été imprimé. »

M. Dareste ne fut pas de cet avis, lorsqu'il étudia la question huit ans plus tard (*Essai*, etc. 1850). « L'*Epistre au Tigre* est, remarquait-il, imprimée en caractères écrasés et presque gothiques, tels que ceux dont on se servait à Strasbourg et à Basle, et il semble que les mêmes caractères ont servi à imprimer la seconde édition des *Partitiones juris* d'Hotman, publiée à Bâle en 1561. Pour M. Dareste le lieu d'impression était donc bien Strasbourg ou Bâle, et la question typographique venait ainsi à l'appui de l'attribution de paternité faite à Hotman.

Sur ces entrefaites, M. Ch. Schmidt intervint dans le débat avec sa lettre inédite de Sturm (mentionnée dans la précédente note), lettre qui, selon lui, confirmait par un témoignage positif la conjecture de Ch. Nodier et l'observation conforme de M. Dareste. « Ex hoc genere (dit Sturm, écrivant de Strasbourg) *Tygris*, imma-

---

imprimeur et dit qu'il fut arresté le 23 juin, « pour avoir *imprimé* les ÉPISTRES, livres, etc., desquels il avoit esté trouvé saisi. »

nis illa bellua quam *hic*... divulgari curasti... » (Le *Tigre*, ce libelle monstrueux que tu as publié *ici*....) Il paraît difficile, en effet, de contester l'assertion.

Une seule recherche nous semble rester à faire, et on ne l'a pas encore indiquée : c'est celle de l'alphabet auquel appartient la lettre initiale fleuronnée, un T majuscule, qui inaugure le *Tigre*. On pourra, en même temps, examiner quelle imprimerie de Strasbourg employait en 1559 le point d'interrogation de forme ancienne et la *division* (trait d'union géminé) qu'on a sous les yeux, — puisque pour la première fois chacun est, par notre *fac-simile*, mis à même de s'enquérir et de se prononcer en connaissance de cause : *Oculis subjecta fidelibus*.

Pour ce qui est de la date de l'impression, elle a pu faire d'abord quelque doute, lorsqu'on n'avait que le récit assez vague de quelques historiens. Mais depuis que M. Taillandier a retrouvé et mis au jour les documents judiciaires, la date est certaine. L'arrestation de Martin Lhomme étant du 23 juin 1560, et la conjuration d'Amboise étant du 15 mars précédent, c'est bien évidemment entre ces deux époques qu'il faut placer l'apparition de l'*Epistre au Tigre*.

—

P. 37, l. 7. — *Quousque tandem...*

« Jusques à quand sera-ce... » — Le *grand cicéronien* (c'était le nom que les ennemis même d'Hotman lui donnaient) se montre ainsi dès le début. Le *Quousque tandem* des Catilinaires éclate du premier coup. Il n'était pas encore devenu le lieu commun le plus rebattu de l'arsenal oratoire, et il était alors permis de s'en servir, — du moins à un Hotman, capable de soutenir tout le discours, comme celui de l'orateur romain, sur ce ton d'apostrophe et d'imprécation. Ch. Nodier a vu là avec raison une preuve frappante d'identité.

Brantôme avait bien dit que le *Tigre* était « sur l'imitation de la première invective de Cicéron contre Catilina. » L'a-t-il connu ? Rien ne le montre. Il en parle, en tout cas, avec une certaine réserve qui ne lui est pas habituelle, s'abstenant de lever le voile sur les personnalités piquantes qu'il ne fait qu'indiquer.

P. 38, l. 13. — *Omnia serviliter pro dominatione.*

Le cardinal de Lorraine s'était mis au service de la maîtresse du roi Henri II, pour exploiter son influence. Aussi le peuple les associa-t-il dans son ressentiment, en leur attribuant à tous deux les exactions dont il souffrait, comme le montre ce quatrain cité par Le Laboureur :

> Sire, si vous laissez, comme CHARLES désire,
> Comme DIANE veult, à tous vous gouverner,
> Pestrir, mollir, taster, tourner et retourner,
> Sire, vous n'estes plus, vous n'estes plus que *cire.*

L'*Histoire particulière*, publiée dans les *Archives curieuses* (1re série, t. III, p. 281), dit bien que, « pour du tout s'asseurer, ils (les Lorrains) se jettèrent du commencement au parti de ceste femme, *spécialement le Cardinal*, qui estoit des plus parfaits en l'art de courtiser. »

La *Supplication et remonstrance*, de 1560, rappelle que ces cadets de Lorraine « s'allièrent en premier lieu avec *celle* qui pour lors possédoit nostre pauvre Roy (comme un chacun sçait), de laquelle ils vouloient se servir, comme d'une éponge, pour succer la substance de ce royaume. » Et plus loin : « Pourroit la Royne-mère s'oublier et se fier en ces estrangiers, lesquels, après avoir fait tout leur effort pour la despouiller du tiltre de Royne, en la faisant répudier au feu Roy son mari, le luy ont ravi et pollué si longtemps par leurs infâmes macquerélages, et ont si longtemps soutenu, à son veu et sceu, *ceste-là* dont cy-dessus a esté mention ?... »

P. 40, l. 12; p. 42, l. 7. — *Le voyage d'Italie.*

Tous ces griefs se retrouvent dans un remarquable commentaire sur les lettres du roy François II aux cours de Parlement, du dernier jour de mars 1559 ou l'on signale, « entre autres actes, le voyage de M. de Guise en Italie, par luy entrepris (en trompant une bonne et nécessaire trève) aux excessifs despens de la France, pour se faire roi de Naples et de Sicile, et le cardinal, pape ; duquel on n'ignore point estre procédée la perte de la journée Saint-Laurens, avec sa suitte, etc. » (*Mém. de Condé*, I, 357.)

Le *Brief discours* (de 1565) contient encore ce passage : « D'où sont venus les maux qui nous ont accueillis sur la fin du règne du roy Henri II ? De la conjuration faite en Italie par le cardinal de Lorraine qui excita le tumulte d'Amboise ; de la conspiration de ceux de Guise pour usurper le gouvernement du royaume. »

[Cfr aussi p. 70, vers 95-102.]

P. 42, l. 19. — *Les finances de France.*

« Ils rançonnent le pauvre peuple de tailles, tributs et exactions intolérables... Ils amassent toutes les finances de France pour en payer les estrangers qu'ils ont à louage, et laissent toute la gendarmerie et infanterie françoise sans payer : et néantmoins sont si impudens que de nous vouloir faire entendre qu'ils font venir les estrangers pour la garde du Roy. Ha! pauvre nation Françoise! » (*Complainte au Peuple français*. 1560.)

« Tu vois le cardinal de Lorraine qui tient du bien d'autrui quatre ou cinq cens mille francs, qui luy appartient autant comme l'argent du passant au brigand qui le destrousse : et, non saoul de cela, encores ne cesse de piller, avec meurtre et massacre, les confiscations de tant de gens de bien, desrobe les deniers de ce royaume. » (*Response chrestienne*, etc. 1560.)

[Cfr aussi p. 75, vers 245-262.]

—

P. 43, l. 9. — *Remarque*.

« Si tu le confesses, il te faut pendre et étrangler : si tu le nies, je te convaincrai... » — Cicéron lui-même, dit Ch. Nodier, n'a pas de traits qui ne le cèdent à ceux-ci en vigueur et en bonheur d'expression.

—

P. 43, l. 11. — *Rapprochement.*

Num negare audes? Quid taces? Convincam, si negas. (*Cic. In Catil.* I, 4.)

—

P. 44, l. 6. — *Rapprochement.*

Nihil est tam sanctum quod non violari, nihil tam munitum quod non expugnari pecunia possit. (*Cic. In Verr.* II, 2.)

—

P. 44, l. 14.—*Rapprochement.*

Ainsi dira un des plus beaux vers de Racine :

Le sang de vos rois crie, et n'est point écouté !
(*Athalie*, acte I, sc. 1.)

—

P. 44, l. 7. — *Le « grand » et la « grande. »*

« L'honneur de ta sœur... » c'est-à-dire de sa belle-sœur. « Une très-grande et belle dame, » dit Brantôme, « et un grand, son proche. » —

« Et le grand et la grande en furent si estomaqués, qu'ils en cuidèrent désespérer. »

« Ne serait-ce pas, dit Ch. Nodier, Anne d'Este, femme de François de Lorraine, duc de Guise, belle-sœur, et non sœur, du cardinal, ce qui diminuerait au moins un peu l'horreur de cet inceste ? C'est un doute que j'abandonne à regret aux muses spinthriennes qui explorent sur nos théâtres les débauches et les turpitudes des vieilles cours. » (*Bull. du Bibliophile*, 1834.) Ainsi que Nodier le fait remarquer, cet épisode relatif aux amours d'un *grand* et d'une *grande* est encore plus diffamatoire que la vague indication de Brantôme ne l'aurait fait supposer.

P. 45, l. 2. — *L'assassinat de Vincennes.*

Voir sur ce fait le document inédit produit ci-dessus, p. 103, par M. Ed. Tricotel.

P. 45, l. 10. — *Appréciations.*

« Je connais ta jeunesse envieillie en son obstination... » — Tous les mots sont comptés (dit M. Dareste), et portent coup, et l'intérêt va toujours croissant jusqu'au moment où l'auteur, s'arrêtant brusquement, termine par ce mot admirable.

C'est là une trouvaille de grand écrivain (dit Geruzez). Jamais on n'a reproché l'impudence avec des expressions aussi vigoureuses, et la tirade suivante, où le pamphlétaire a jeté ses idées dans le moule cicéronien, est d'une admirable vivacité : « Quand je te dirai, etc. »

C'est ainsi qu'écrivait Montaigne en 1580, et Bossuet cent ans plus tard (dit encore Ch. Nodier) ; mais en 1560, il n'y avait rien de ce goût dans toute la littérature française. (*Bull.* 1842, p. 876.)

—

P. 46, l. 14. — *Jugements sur le* TIGRE *en prose.*

L'*Epistre au Tigre* porte le sceau manifeste de la verve et du génie. (CH. NODIER.)

C'est un morceau très-remarquable : on y trouve des traits où la colère touche à l'éloquence, éloquence moderne entée sur des sou venirs classiques. (GERUZEZ.)

C'est de tous les libelles publiés à cette époque, le plus net et le plus concluant. Tout ce qu'ont pensé, tout ce qu'ont voulu les protestants sous le règne de François II, se retrouve dans l'*Epistre au Tigre*. (Dareste.)

Curieux spectacle que cette passion toute vive, née de la veille, courant et bouillonnant comme une lave dans le vieux moule de la période cicéronienne. (Lenient.)

—

P. 49 et p. 24. — *Fac-simile du* Tigre.

L'original a été très-rogné et mal rogné. La marge qui subsiste varie de 5 à 10 millimètres sur les trois côtés.

—

P. 67. — Le Tigre *en vers.*

On ne connaît aucune impression de cette pièce, qui soit antérieure à 1842 ; mais il en existe des copies plus ou moins anciennes, portant ce titre : Le Tygre, *satyre sur gestes mémorables des Guysards*, et la date de 1561 (1). Elle n'est évidemment qu'une paraphrase faite après coup (1561), du *Tigre* en prose. de 1560,

(1) C'est d'après quelqu'une de ces copies que Le Laboureur en a cité une dizaine de vers, dans ses Additions aux Mémoires de Castelnau (1659), ainsi que nous l'avons dit p. 129

lequel est bien, à n'en pas douter, le *Tigre* original, celui qui excita si fort la grande colère du cardinal de Lorraine et le zèle du conseiller Du Lyon, et occasionna la mort de deux hommes en place Maubert. Vainement M. Gratet-Duplessis, possesseur d'un manuscrit qui lui venait de la vente Crozet, essaya-t-il, il y a trente-quatre ans, de soutenir que le *Tigre* versifié était le véritable. Ch. Nodier démontra fort bien que cette opinion était une erreur : c'en était une, surtout depuis la découverte de notre exemplaire imprimé de ce *Tigre* en prose, qui jusque-là était resté à l'état de mythe. (Voir *Bull. du Bibliophile*, nov. 1841.)

M. Gratet-Duplessis fit imprimer à Douai, chez Ad. d'Aubers, en 1842, son manuscrit du *Tigre* en vers, qui ne fut tiré qu'à 25 exemplaires, pet. in-8 de 16 p. — Il en a été fait, en 1851, une réimpression à Strasbourg, chez Salomon, à soixante exemplaires, in-8 de 18 p. non paginées. A la fin se trouve une notice de 37 lignes, signée M. T. — Dans le volume de ses *Souvenirs historiques des Résidences royales* consacré au *Château d'Amboise* (Paris, 1845, in-8), M. Vatout a aussi placé le *Tigre* versifié. Ces éditions, calquées l'une sur l'autre, sont également défectueuses, comme le sont d'ailleurs toutes les copies à la main qui s'étaient conservées, telles que celles que possède la Bibliothèque Nationale, mss. n°s 2339 et 13764. La version que nous donnons est celle d'une copie nous appartenant, soigneusement revisée.

P. 72, l. 17. — *Addition.*

Si l'on compare cette paraphrase versifiée avec l'original en prose, on voit que tout ce passage, compris entre les vers 149 et 225, est un développement ajouté par le veisificateur.

Sur le portrait de l auteur du TIGRE.

François Hotman, l'aîné des onze enfants d'un conseiller au parlement de Paris, naquit à Paris le 23 août 1524, et mourut à Bâle le 12 février 1590. Il eut pour maître Pierre de L'Estoile, et Estienne Paquier fut un de ses disciples. Il professa à Paris dès 1546, et successivement à Orléans, à Valence, à Bourges, à Lausanne, à Strasbourg. Renommé comme jurisconsulte et comme historien, il a publié un très-grand nombre d'ouvrages, presque tous écrits en langue latine. Il suffit de nommer l'*Anti-Tribonien*, le *De furoribus Gallicis*, la

Gaule-Franke. Sa vie a été toute militante et remplie d'épreuves vaillamment soutenues. Une inscription, qui se voit encore au cloître de la cathédrale de Bâle, rappelle les traits principaux de sa carrière accidentée.

Le beau portrait que nous donnons d'Hotman est une reproduction, par l'héliogravure, de celui qui fut publié en 1598 par J.-J. Boissard et Théod. de Bry, dans leurs *Icones virorum illustrium*, etc. (Francfort, in-folio), t. III, p. 140. Voici le début du texte qui l'accompagne, et qui montre en quelle grande estime Hotman était tenu par ses contemporains :

Francisci Hotomanni, jurisconsulti clarissimi historiarumque et totius antiquitatis scientissimi, Basileæ, anno Christi 1590, *animam expirantis, ex mortui schemate, deformavimus. Accurate quidem illam, sed quam ad vivum maluissemus effingere, si id in manu nostra fuisset. Interim hac contenti veram animi ideam in scriptis ejus contemplabimur. Mortuus est, relictis post se ingenii sui monumentis, quibus in æternum victurum nomen, per universum orbem, obtinet.* (Suit la longue liste de ses ouvrages.)

INDEX

4947. — Paris. Typ. de Ch. Meyrueis, 13, rue Cujas. — 1875.

LVMIERE
ENCORE
1866

LVMIERE
ENCORE
PLVS
1866

www.ingramcontent.com/pod-product-compliance
Lightning Source LLC
Chambersburg PA
CBHW050005100426
42739CB00011B/2513

* 9 7 8 2 0 1 1 2 5 7 6 2 8 *